光明行 系列丛书

北京市监狱管理局
北京市戒毒管理局 编著

法律与自律

中国政法大学出版社

2025·北京

图书在版编目（CIP）数据

法律与自律 / 北京市监狱管理局, 北京市戒毒管理局编著. -- 北京 : 中国政法大学出版社, 2025. 3. -- ("光明行"系列丛书). -- ISBN 978-7-5764-1985-6

Ⅰ. D920.5

中国国家版本馆 CIP 数据核字第 2025QJ4944 号

书　名	法律与自律 FALÜ YU ZILÜ
出版者	中国政法大学出版社
地　址	北京市海淀区西土城路 25 号
邮　箱	bianjishi07public@163.com
网　址	http://www.cuplpress.com (网络实名：中国政法大学出版社)
电　话	010-58908466(第七编辑部) 010-58908334(邮购部)
承　印	北京中科印刷有限公司
开　本	720mm×960mm　1/16
印　张	14
字　数	200 千字
版　次	2025 年 3 月第 1 版
印　次	2025 年 3 月第 1 次印刷
定　价	58.00 元

第一版编委会

修订版编委会

修订版总序

　　教材是传播知识的主要载体，体现着一个国家、一个民族的价值观念体系。习近平总书记指出："紧紧围绕立德树人根本任务，坚持正确政治方向，弘扬优良传统，推进改革创新，用心打造培根铸魂、启智增慧的精品教材。"监狱作为教育人、改造人的特殊学校，更加需要一套科学系统的精品教材洗涤罪犯灵魂，将其改造成为守法公民。多年来，首都监狱系统在"惩罚与改造相结合、以改造人为宗旨"的监狱工作方针指导下，始终坚持用心用情做好教育改造罪犯工作，秉持以文化人、以文育人理念，于2012年出版了北京市监狱管理局历史上第一套罪犯教育教材——"光明行"系列丛书，旨在用文化的力量，使人觉醒、催人奋进、助人新生。

　　丛书自问世以来，得到了司法部、北京市委政法委、市司法局等上级机关和领导的充分肯定，获得了范方平、舒乙、洪昭光等知名专家的高度评价，受到了全国监狱系统同行的广泛关注，得到了罪犯的普遍欢迎，成为北京市监狱管理局科学改造罪犯的利器。这套丛书获得了多项荣誉，2012年被国家图书馆和首都图书馆典藏，《道德与践行》被中央政法委、北京市委政法委列为精品书目，《健康与养成》获得了"全国中医药标志性文化作品"优秀奖等。"光明行"系列丛书已经成为北京市监狱管理局罪犯改造体系的重要组成部分，成为北京市监狱管理局的一张名片，为全面提升罪犯改造质量发挥了重要作用。

　　党的十八大以来，以习近平同志为核心的党中央高度重视监狱工作，习近平总书记多次作出重要指示，为监狱工作提供了根本遵循，指明了前进方向。特别是随着中国特色社会主义进入新时代，社会主要矛盾发生根本转变，经济生活发生巨大变化，社会形势发生重大变革，全党确立习近平新时代中国特色社会主义思想，提出了一系列治国理政的新理念、新思想、新战略，取得了举世瞩目的成就。近年来，随着刑事司法领域全面深化改革的逐步推进，国家相关法律和监狱规章发生较大调整，监狱押犯构成发生重大变化，监狱机关面临新形势、新任务、新挑战，需要我们与时俱进，守正创新，在罪犯改造的理论体系、内容载体、方式手段，以及精准化水平等方面实现新的突破，以适应新的改造需要。在这样的背景下，北京市监狱管理局以"十个新突破"为指引，正式启动对"光明行"系列丛书的修订改版，进一步丰富完善罪犯教育教材体系，推动教育改造工作走深、走精、走活、走实。

本次修订对原有的《监狱与服刑》《道德与践行》《法律与自律》《劳动与改造》《心理与心态》《回归与融入》6本必修分册，以及《北京与文明》《信息与生活》《理财与规划》《健康与养成》4本选修分册进行更新完善，同时新编了一本《思想与政治》必修分册，以满足强化罪犯思想政治教育、树立"五个认同"的现实需要，使得丛书内容体系更加科学完善。

新修订的"光明行"系列丛书共计160余万字，展现出以下四大特点：一是反映时代特征。丛书以习近平新时代中国特色社会主义思想为指导，反映十几年来社会发展和时代进步的最新成果，将中央和司法部对监狱工作的新思路、新要求融入其中，特别是坚持同中国具体实际相结合，同中华优秀传统文化相结合，对理论及内容进行更新，充分展现"四个自信"。二是彰显首善标准。丛书总结这十几年来北京市监狱管理局改造工作经验，将"十个新突破"及教育改造精准化建设的最新要求融入其中，体现了市局党组和全局上下的使命担当和积极作为，反映了首都监狱改造工作取得的成绩和经验，展现了首都监狱工作的特色和水平。三是贴近服刑生活。丛书立足监狱工作实际，紧扣服刑、改造、生活、回归等环节，贯穿服刑改造全过程，摆事实、讲道理、明规矩、正言行，既供罪犯阅读，也供民警讲授，对罪犯有所启发，使其有所感悟，帮助罪犯解决思想和实际问题。四是适合罪犯学习。丛书更新了大量具有时代性和典型性的故事和事例，以案析理、图文并茂，文字表述通俗易懂、简单明了，每个篇章新增了阅读提示、思考题以及推荐书目和影视作品，使罪犯愿意读、有兴趣、能读懂、易接受，将思想教育做到潜移默化、润物无声。

本次修订改版从策划编写到出版问世，历时一年，经历了内容调研、提纲拟定、样章起草、正文撰写、插图设计、统稿审议、修改完善和出版印刷等大量艰辛繁忙的工作。丛书修订得到了各级领导的大力支持和悉心指导，参与社会专家达到 21 人，参与编写的监狱民警 80 余人，组织召开各类会议 130 余次，问卷调查涉及罪犯 1800 余人次，投入经费 200 万元。我们还荣幸地邀请到秦宣、章恩友、马志毅、金大鹏、林乾、吴建平、元轶、刘津、许燕、杨光、巫云仙等知名专家担任顾问，加强指导、撰写序言、提升规格、打造精品。希望广大罪犯珍惜成果、加强学习、认真领悟、真诚悔过、自觉改造，早日成为有益于社会的守法公民。

在此，谨向付出艰辛劳动的全体编写人员致以崇高敬意，向支持帮助丛书编写出版的同志们及社会各界人士表示衷心的感谢！由于时间和水平有限，难免存在疏漏和不足之处，欢迎批评指正。

"光明行" 系列丛书编委会
2025 年 1 月

分　序

　　众所周知，法律在人类社会发展中始终发挥着不可替代的关键作用。没有规矩不成方圆，在法治社会里，法律可以发挥固根本、稳预期、利长远的作用。法治兴则民族兴，法治强则国家强。我们要办事依法、遇事找法、解决问题用法、化解矛盾靠法，共同建设法治国家，建立法律面前人人平等、尊重和保障人权的法治社会。

　　本书是为增强罪犯守法意识、提高其法律素养量身打造的，在整个丛书中占有非常重要的位置。从结构上看，本书分法源、法治、价值、文化、道德、情感、理性、责任、维权、自律计十篇，由法的起源——习惯写起，从传统的古老犯罪到新型的电信网络诈骗犯罪、高空抛物违法行为等，内容非常丰富。既包括法理学知识也包括法律实务内容，既有法律规范也有法治思想。从预防犯罪的角度，我们不仅要了解法律的规定，更要了解法律存在的必要性、法律的价值等法律规范周边知识，这样才能建立起尊法和守法的意识。例如，诚信既是我们的道德观、价值观，也是民法的一项基本原则。此外，严重违反诚信原则的行为还可能构成刑事犯罪。因此，守法与自律相辅相成，违法与自律相互排斥。

　　本书通俗易懂，内容有趣。比如在习惯法部分介绍了我国的寓言故事、少数民族神明裁判，其他国家在司法中的风俗习惯等。书中配有大量案例，罪犯在阅读中也会产生共鸣。比如，低俗婚闹是不是参加过？是否曾经在网络上肆无忌惮地侮辱诽谤过他人？特大跨境电信网络诈骗案是不是也参与过？……虽然每个罪犯的犯罪原因、犯罪动机、犯罪心理可能均不相同，但希望本书可以引发大家对于守法与自律的共同思考。在拿起本书之前，也许你还不理解自己的行为为什么就构成犯罪，或者对自己被定罪处刑的结果不甘心、不接受，希望在读了本书之后能够对自己的行为有新的认识。此外，书中还有很多案例涉及婚恋家庭矛盾纠纷，案件起因多数是双方缺乏平等与尊重。希望罪犯能够引以为戒。打不是亲骂不是爱，和谐的夫妻关系建立在平等与相互尊重之上，意图通过家庭暴力控制对方只能让人心越走越远，最终还可能造成以暴制暴的后果。这样的家庭不仅会影响夫妻关系，也会影响家庭教育，使子女的成长蒙上了原生家庭的阴影。所以，恋人之间、家人之间应该平等和相互关爱，这样才有助于建立和谐的家庭关系。

中国政法大学教授、博士生导师

2025 年 1 月

目 录

第一篇

法 源

　　法，源自人类社会初期为维系自身存在而形成的各种习惯，这些习惯的集合构成了最初的法律——习惯法。习惯法经过漫长的发展，逐步完善为成文的法律，延续至今。其间，法律也实现了由野蛮到文明、由零散到系统的过程，在人类社会中的调整作用日益重要、不可或缺。了解了法律发展的来龙去脉，对于我们正确看待法律、自觉遵守法律大有裨益。

【阅读提示】

1. 掌握法从萌芽阶段到成文法的演变过程。
2. 了解与掌握不同阶段法的特点与作用。

第一节 法的萌芽——原始习惯

法者，治之端也。

——荀子

当我们的祖先——早期的人类，作为一个全新的物种来到这个世界时，远不像现在这么强大。他们惧怕大自然的风雨雷电，时刻需要躲避野兽的袭击，食不果腹，平均寿命极短。为了生存，他们结成了群体居住，这样的群体通常以血缘关系为基础聚集，大家都是亲戚，我们称之为氏族或部落。随着人类战胜自然的能力逐渐增强，群体不断发展壮大，为了争夺资源，相互掠夺，各个氏族、部落之间经常会爆发战争；为了个人利益，氏族内部成员之间也会产生各种摩擦与冲突。

古书中就记载着这样一个故事。很久以前的一天，我们的祖先正在种田。忽然，有一只兔子从树林里跑了出来。大家都想抓住这只兔子，于是一百个人一拥而上，在田间追逐，现场一片混乱。最终兔子被抓到了，但接下来大家却为抢夺兔子大打出手。这时，部落首领来了，他问："为什么打架呢？"百人异口同声地说："因为兔子是我的！"首领看看被践踏毁坏的秧苗，又看看远处的森林，然后对大家说："我看得定个规矩了，以后凡是森林中的动物，一律归大家共同所有；打猎要到森林中去打，谁先打到猎物就算谁的；一律不得在田间打猎，破坏秧苗者——斩！"

这个首领所说的这段话，相当于制定了一条简单的行为规则，尽可能合理地分配利益，以维持大家和平共处的状态。而类似这样的规则，在原始氏族与部落中还有很多。如婚姻方面，氏族内部成员之间是绝对禁止通婚的，即结婚对象只能从其他的氏族中找。这点还是很符合科学的，前面提到氏族成员之间都有血缘关系，内部通婚相当于我们现在说的"近亲结婚"，而现代遗传学证明，近亲结婚繁衍的后代很容易出现各种遗传疾病，如孩子早夭、存在智力障碍、身体畸形等。这对种族存续的影响是致命的，原始人类很可能在长期生活实践中，经历了这些不幸，而有意识地确立规则对自身存续加以保护。

又如，氏族中还有成员之间应当相互帮助、相互支援的规则。如果有人受到外族伤害，要为其复仇，这就是所谓的"血亲复仇"。当时，人们最重要的社会关系是家族血缘关系，家族的利益高于一切。对某一个人的人身伤害，被认为是对一个家族全体成员的侵害；对该伤害行为的报复，针对的是对方全体家族成员。后世的法律对该条便有继承发展的过程。如在西周时，朝廷专设了一个叫"朝士"的机构，如果某人的父兄被别人杀死，就可以到这个机构去登记仇人的名字，以后便可以杀死仇人而免罪，从法律上肯定了个人复仇的正当性。

允许"血亲复仇"，也存在于其他文明古国的法律当中。最典型的如《旧约全书》记载的古希伯来人的法律原则："以命还命，以眼还眼，以牙还牙，以手还手，以脚还脚，以烙还烙，以伤还伤，以打还打。""一报还一报"的复仇色彩十分浓厚。

由于"血亲复仇"会招致双方亲属彼此仇杀不断，陷入冤冤相报的恶性循环。后世法律开始限制这种无界限的杀伤，强制一方死一子、另一方也必须死一子的行为就此停止，不得再行仇杀。再进一步地发展，就是将这种私人的复仇改换为使用财产赔偿，强迫加害人拿出所谓"血金"来抵偿伤害。最后，在国家观念得到强化后，才会将杀伤之类的私人之间的侵犯行为视为是对于整个社会秩序的威胁，要由社会进行处罚，逐渐确立把所有的暴力侵犯视为犯罪的概念，建立国家的刑罚体系来管理社会。但从中可以看到，原始社会形成的各种认识与行为规则对后世的影响还是极其深远的。

除此之外，原始人类生活当中还存在各种图腾禁忌。图腾是原始人对一些动物、植物和自然现象的一种崇拜，期望这些图腾给他们护佑。

不同的人群有不同的图腾，如虎、蛇、龙、牛等。对图腾的禁忌主要表现为禁止触摸、捕猎、杀伤等行为。某些禁忌延续至今。例如，我国的纳西族严禁砍伐神树，认为砍了神树会刮大风下大雨；赫哲族外出打猎，见到火堆要磕头，否则认为不顺利；苗族规定不准乱动供奉的祖像、木鼓、芦笙、牛角等。

以上列举的这些规则，都来自氏族成员在长期的共同劳动与生活中，逐渐积累起来并世代相传的各种生活经验，我们称之为原始习惯、习俗。可不要小看这些看似简单、杂乱无章甚至有些野蛮荒谬的习惯，正是它们构成了我们后世法律的基础。

值得一提的是，最初的习惯并没有像今天这样，依靠国家机器保障，强制推行，而是主要依靠氏族成员的自觉性以及氏族首领的威望来遵守和服从。

尧派舜调解纠纷 [1]

历山的农人发生田界纠纷，舜前往历山耕种，经过一年解决了纠纷。生活在河滨的渔人，为争夺捕鱼的有利地势发生纠纷，舜前往与渔人一起打鱼，经过一年，渔人效法舜，将有利的地势让于长者。东夷的手工业者制造的陶器易碎，舜前往东夷与陶人一起制陶，经过一年，制陶的人就将陶器制造得坚固耐用。孔子赞叹道："耕作、渔猎与制陶都不是舜的职责。而舜前往

调解纠纷

---

〔1〕 马小红、柴荣、刘婷婷编著：《中国法律思想史十讲》，中国人民大学出版社 2008 年版，第 3~4 页。

解决纠纷，是为了拯救日下的世风。舜确实是真正的仁义啊！如此不辞劳苦使民众信服，所以说：圣人道德的表率能够为天下所效法。"

但是对争议的调解方式也不总是如此"温和"。当发生了较为严重的伤害行为或财产侵夺行为，双方各执一词，而又难辨是非的情况下，古代人类就多依赖"神明裁决"来查明案件真相。所谓神明裁决，就是借助虚幻的"神明"力量来考验当事人，从而确定嫌疑人或者其他案件相关人是否有罪或是否诚实，或当事人的权利主张是否成立的一种原始司法程序，我们简称其为神判。在人权被提出并写入法典之前的社会，神权至高无上。神权之下，人们信仰宗教神明远胜自己。在审判手段单一、证据收集困难的社会，法官求助神明的断案手法被国家法律所认可。例如，古巴比伦《汉穆拉比法典》第2条和第132条规定，被控告使用妖术的人和与人通奸的妇女，为了证明自己无罪，应投入河中，接受神明的考验。如果被告人取得控告人的同意，也可用赎金免掉神明裁判。〔1〕

古希腊人的神谕裁判〔2〕

在古希腊人看来，宇宙充满了超自然的"神"力量，人类生活中的重大事件，似乎受某种神的意志操纵，而人们可以借助敬神的仪式，在祭司的操作下，取得诸神意志的宣示，对争讼事件作出裁断。仪式一般是这样的：由经过训练的女祭司，口嚼有麻醉性的月桂树叶，进入恍惚错乱甚至痉挛的状态以接受神的启示。然后通过她们的口将这些神的答话说出来，男祭司则把这些话的意义解释给在场目睹的人。这些神的启示被人刻在神殿上，就是神谕，具有法的性质。

---

〔1〕 苏力：《法律与文学》，生活·读书·新知三联书店2006年版，第121页。
〔2〕 李天祐：《古代希腊史》，兰州大学出版社1991年版，第47页。

有的是通过所谓的"神兽"断案。最典型的就是我国上古时期的"司法官"皋陶。传说他有一只专门用于断案的神兽——獬豸，由于兽头上有一只尖尖的长角，也被称为"独角兽"。皋陶审案时，每当遇到是非难断的情况，便放出神兽獬豸，依据它是否顶触嫌疑人来判定其是否有罪。这样的审判方式，我们现代人看来很可笑，但当时的人都深信不疑，对结果心服口服，提起皋陶如同现在民间老百姓说起"包青天"一样，敬佩不已。后世的许多朝代，都会将"独角兽"摆在衙门门口，以示会主持公道。

还有的是通过"羊触"断案。在《墨子·明鬼》中记载了一个案例，齐庄公的两位大臣王里国和中里徼因为打官司打了三年未分出曲直。齐庄公决定用羊来审判，让两人在神社前发誓，然后念各自的誓词。当念到中里徼的誓词时，羊去抵他，并把他的脚抵断了，他因此死在了当场。这些神判案例虽然在现代看来缺乏科学依据，但在古代社会具有一定的权威性和影响力。它们反映了当时人们对神明力量的信仰和对正义的追求，同时体现了古代社会在解决纠纷和冲突方面的智慧和策略。

在我国许多少数民族中，"神明裁判"主要通过"水""火"等考验。例如，《集异新抄》中记载，在贵州一带，对裁决不服，则架起一口油锅，烧得滚烫，里面放一把铁斧，让案件当事人用手捞斧出锅，通过查验他的手起泡与否，决定输赢。此外，《中国少数民族史大辞典》中曾记载，景颇族遇到疑案难以决断时，会让当事人双方各沿一竹竿潜入水中，谁在水中停留时间最长，就判谁胜诉。

人类这种原始平等、蒙昧无知的状态持续了相当长的时间，直至原始社会后期，随着生产力水平的提高，剩余产品不断增多，氏族内部不再"人人平等"，财富分化带来了地位分化，催生了强权阶层的产生。氏族与部落首领为了不断加强统治，对原有的氏族习惯进行了有选择性地取舍与丰富，并强力推行，原始习惯最终发展为习惯法，法律就诞生了。

世界各地有趣的风俗习惯

1. 在印度尼西亚的爪哇岛，因为当地老鼠成灾，州当局曾规定，男子要登记结婚，必须先打死 25 只大老鼠送交政府，否则不予办理结婚手续。

2. 在埃及农村，很多农民把葱作为真理的标记。他们在争论和诉讼中，常常手拿一根葱，高高举起，表示真理在手，并以此发誓。

3. 西班牙圣费尔明牛奔节：以奔跑在市区街头的斗牛而闻名，勇敢的人们会挑战与狂奔的牛群共舞，展示无畏的精神。

4. 泰国长颈族：长颈族人以脖子长为美，孩子从 5~6 岁起便在脖子上套铜圈，使脖子拉长，最长颈者脖子可达 70 厘米。

思考题

1. 你还知道哪些关于"神明裁决"的故事吗？
2. 世界有趣的风俗习惯还有哪些？

第二节　法的雏形——习惯法

在无成文法可循的情况下，那些长久的习惯常常被当作法和法律来遵守。

——乌尔比安

习惯法是独立于国家制定法之外，依据某种社会权威和社会组织，具有一定强制性的行为规范的总和。

美国民族学家路易斯·亨利·摩尔根曾详细考察了生活在美洲的易洛魁人的原始社会制度，并把他的发现与见解详细记录在专著《古代社会》中，其中就涉及了"氏族法"的内容。

原始社会中的"氏族法"[1]

美洲印第安人种的易洛魁人，其氏族的特色，体现在它授予其成员的权利和特权以及给其成员规定的义务上面，这些权利、特权和义务，构成了氏族法。内容包括：

（1）选举氏族首领和酋帅的权利；

（2）罢免氏族首领和酋帅的权利；

（3）在本氏族内互不通婚的义务；

---

〔1〕〔美〕路易斯·亨利·摩尔根：《古代社会》（上册），杨东莼、马雍、马巨译，商务印书馆1977年版，第49页。

（4）相互继承已故成员的遗产的权利；

（5）互相支援、保卫和代偿损害的义务等。

从这些内容可以看出，作为人类社会发展初期法律雏形的习惯法，十分简单、粗疏，主要是对原有习惯进行有选择性的取舍、汇集。随着社会经济的发展，特别是国家与阶级的产生，习惯法日益得到国家机器的强制力保障推行，内容不断丰富完善，构成了世界各国法律体系的重要源头。

习惯法在古代中国有着广泛适用。在君权、皇权不断发展集中的过程中，习惯法的主体内容，相应地也集中在两大方面：一个是"刑"；另一个是"礼"。

"刑"源于古代战争，即古人所说的"刑出于兵"。在史前"五帝"〔1〕时期、春秋战国时期，战争爆发极其频繁。在古人看来，刑罚和战争本质上是一回事，都是对异族人的惩罚。因此，对敌对部落最大的惩罚就是发动一场战争。在战争中，需要部落成员高度的组织协调和统一调度，因此产生了军纪、军令。打了胜仗后，需要论功行赏、惩罚被征服的异族（奴隶），因此就产生了各种奖赏制度和刑罚手段，这些都构成了法令的内容，也就是我们现代刑法的前身。《尚书·甘誓》中记载，夏朝的君王启指挥战斗，要求左面的部队从左进攻，右面的部队从右进攻，驾战车的人驱车直进。并宣称，服从命令者，会在祖庙里受赏；不服从命令者，将在社坛上被处死，并且要牵连妻子儿女。这是目前见到的最早的一条军令，其中后半段，具有明显的法律性质。我们还看到，古代司法官的名称有"士""师""司寇""廷尉"，而这些原本都是军官的名称，这也从另一个侧面证实了"刑出于兵"。

习惯法的另一个重要来源就是"礼"。许多学者经考证提出，"礼"最初源于原始社会部落的祭祀礼仪。"祭祀"从字面上可以解释为祭神鬼祀祖先，是尊神敬祖的一种原始宗教活动。祭礼则是祭祀活动中的各

---

〔1〕 五帝，指传说中的黄帝、颛顼、帝喾、尧、舜五位氏族部落首领。

种仪式、程序与禁忌要求。庄严的祭祀仪式使氏族部落成员深刻感受到个人意志必须服从全体意志，个人与氏族部落密不可分，个人对氏族部落必须绝对忠诚与服从，从而以强大的精神威慑力实现对全体成员的普遍强制性。同时，祭祀仪式又融入了原始的是非善恶、长幼尊卑等社会道德价值与伦理关系，一开始就与伦理道德浑然一体，对社会生活自身具有整合规范功能。

在后来的发展中，"礼"逐步摆脱了祭祀文化的性质，演变成人们之间进行社会交往的一种文化行为。从先秦的历史来看，礼制是无所不包的社会生活的总规范，集习俗道德、政治经济制度和思想准则于一体。我们在书籍与影视剧中经常看到，通奸的男女被抓后，首先押到乡村祠堂，由族长及长辈来裁断是非对错，依据乡约与族规决定如何处罚并监督执行。对于裁决结果，其他人都无权也不得有任何异议，官府更不会追究。这里的乡约与族规就是由国家认可并维护而通行于民间的习惯法，具有法律的强制效力。

"礼"的生命力很强，经过历代变化衍生，很多内容都延续至今，如在日常生活中的婚丧嫁娶的仪式、各种节日活动等，不过更多地表现为风俗习惯或道德上的要求，不再具有法律的强制效力。

在现代社会中，习惯法作为法的渊源之一，已经得到国家强制力的保障，不能由某个民众群体恣意执行。但是，并不是所有习惯都能够作为法律来执行。作为法律来源并取得强制执行力的习惯，必须满足以下条件：

（1）习惯必须是长期以来得到遵守的，且它得到遵守并非源于暴力。

（2）习惯是众所周知的且是合理的，一个秘密的或不合理的习惯不能作为法源引用。

（3）习惯必须与制定法不矛盾，与制定法相抵触的习惯不能作为法源加以引用。[1]

---

〔1〕 周永坤：《法理学——全球视野》，法律出版社 2010 年版，第 53 页。

了解了以上条件，我们就知道，日常生活中有些父母对于儿女婚姻擅自做主、暴力干涉，以办婚宴代替领取结婚证等行为，都是遗风陋俗，不具有法律上的正当性，不被法律认可。

到了现代社会，习惯法由于内容不准确、缺乏规范性等自身局限性，其地位与作用逐渐居于辅助与次要。总体来说，在刑事、行政等领域，习惯法所起作用较小；在新兴领域，习惯法的作用也微乎其微；但是在商法和国际法领域，习惯法的作用还是比较显著的。

以下是现代社会中习惯法的体现：

（1）在民法领域，现代各国民法均承认习惯法为法源之一，如《瑞士民法典》第1条规定，凡依本法文字或释义有相应规定的任何法律问题，一律适用本法。无法从本法得出相应规定时，法官应依据习惯法裁判。如无习惯法时，依据自己如作为立法者应提出的规则裁判。

（2）在商法领域，习惯法的法律渊源地位更为突出，一些国家的商法甚至明确规定，没有习惯时，才适用法律（制定法）。

（3）在国际法领域，不成文的国际法一般规则作为国际习惯法发挥着重要作用。

我国是一个统一的多民族聚居的国家，不同少数民族间的经济与文化发展不平衡，生活风俗习惯各异，部分民族内部形成了内容独特的习惯法，并延续至今。

摩梭人"走婚"习俗[1]

生活在云南省宁蒗县泸沽湖地区的摩梭人，至今仍保留着由女性当家和女性成员传宗接代的母系大家庭，以及男不娶女不嫁、婚姻双方终生各居母家的走婚习俗。通过走婚，摩梭人的家庭得以持久维系，社会得以正常运行。所谓走婚，在摩梭语中称为"色色"，意为"走来走

---

〔1〕 金黄斌：《德性伦理引导下的婚俗制度与社会运行——以云南省宁蒗县永宁乡泥鳅村摩梭人走婚习俗为例》，载《思想战线》2015年第3期。

去"。男女双方表现出一种夜会晨离的关系，彼此有夫妻关系但都不互为家庭成员。[1]互有情爱关系的男女双方结成"阿肖"关系，摩梭人的婚姻（走婚）关系得以确立，[2]在这一过程中，女方被称为"阿夏"，男方被称为"阿注"。

在结成"阿肖"关系中，女子的意愿受到最大限度的尊重——"阿肖"关系的结合与破裂主要在于女子，只要女方愿意他们就可以结合，若女方不愿意，男子不得强求女方。摩梭人之间"阿肖"关系的结成，一方面维系了

感情的纯真，另一方面使摩梭人社会运行的道德风气得以完善，是一种女性主导下的情感识别。

思考题

1. 你认为习惯法与现代成文法之间的区别是什么？

2. 你如何看待摩梭人"走婚"习俗？

3. 你还知道哪些"习惯法"？

---

〔1〕 何文华：《关于摩梭人阿肖走婚和母系家庭的思考》，载《山东教育学院学报》1996 年第 1 期。

〔2〕 李晏：《摩梭人："走婚"与最后的母系氏族社会》，载《中国民族博览》1997 年第 3 期。

第三节 法的完善——成文法

铸刑书于鼎，以为国之常法。

——子产

成文法又称制定法，是经有立法权的国家机关制定或认可，并以法律条文作为表现形式的法律的总称。它的最完善形态是法典。

作为法律发展初期的习惯法，由于没有文字规定，缺乏准确性，加上统治者奉行"法不可知，则威不可测"，不愿意把相关内容公布给老百姓，以便于自己任意解释，鱼肉百姓，因而日益遭到民众的反对。

在古罗马时期，平民为限制贵族对司法的垄断和专横，要求制定成文的法律，公之于众，作为定罪量刑和民事裁决的依据。通过长期坚持不懈的斗争，终于在公元前5世纪，法律条文被镌刻在十二块青铜板上，矗立在罗马广场，《十二铜表法》最终出炉。《十二铜表法》内容广泛，包括民法、刑法和诉讼程序，总体来说，是对原有习惯法的汇编。但它通过文字明确并公示出来，对贵族滥用权力进行了一定限制，按律量刑，使贵族不能再任意解释法律，促进了法律的规范性与执法的公平性。《十二铜表法》的产生，成为世界范围内由习惯法向成文法发展的里程碑。

在我国古代，公元前6世纪，郑国宰相子产将法律铸在鼎上，称为"刑鼎"，这是中国历史上首次将法律以成文形式公开，标志着我国法律由习惯法向成文法的转变。而战国思想家李悝在公元前407年制定的《法经》，是我国第一部比较完整、系统的成文法典。

《法经》简介

战国时期封建制度确立后，各诸侯国陆续颁布了以保护封建私有制为中心内容的封建法律。战国李悝所著《法经》被奉为中国古代律典的肇端，亦是对后世影响最大的律典。[1]《法经》以体系化的规范构造，确立了封建律典的蓝本，包含"盗""贼""囚""捕""杂""具"六篇。其中，"盗""贼"居于《法经》首位，其他罪名统称为"杂"，此三篇规定了具体的罪名；"囚""捕"二篇则颇具程序法意味，规定了追捕、断狱相关内容；最后的"具"篇，则规定了定罪量刑的原则，相当于近

现代法律的总则部分。[2]《法经》是以刑为主，诸法并用的第一部封建法典。公元前 359 年，商鞅以《法经》为蓝本，改法为律，制定《秦律》6 篇。从战国李悝著《法经》始，至秦、汉、唐、宋、明、清诸律，都是以刑法为主，兼有诉讼、民事、行政等方面的内容。这种诸法合体混合编纂形式贯穿封建社会各朝代。

提起"法"，我们现在都觉得是指法律，但最初，我国的"法"与"律"两个字是分开使用的。在春秋战国之前，法就是刑，单指刑罚；律则指规则、标准，如乐律、音律等。从秦朝商鞅变法开始，才改法为律，之后直至明清，基本将法律称为律。自此之后，律成为我国封建时

---

〔1〕　顾华详：《论习近平法治思想对中华优秀传统法律文化的传承创新——基于党的二十大报告关于依法治国的视角》，载《重庆大学学报（社会科学版）》2024 年第 1 期。

〔2〕　闫竑羽：《习近平法治思想对中华优秀传统法律文化的转化与发展——以"五对关系"为视角》，载《学习与探索》2024 年第 1 期。

代最主要的一种法的形式。在我国成文法发展史上，保存下来的最早的律是云梦睡虎地秦墓中发掘出来的《秦律简文》，最有影响且保存得最完整的则是唐律。

唐律的体例内容

唐朝刑事立法的成就，集中反映在《唐律疏议》上，狭义上的唐律，便指《唐律疏议》这部在唐代具有代表性的法典。《唐律疏议》既是一部法律注释作品，也是一部法典。[1]

《唐律疏议》有序（收录在《唐律疏议》卷一"名例"之首），有正文。有总则：名例；有分则：户婚、贼盗等。具体而言，第一篇"名例"，涉及内容为"刑名"和"法例"，立法者阐释为："名者，五刑之罪名；例者，五刑之体例。"[2]也就是说，"名例"篇所包含的内容多为关于定罪、量刑的一般性原则，以及律文之中有关专门术语的界定，类似于近代刑法中的总则部分，因此必须置于整部法典的首篇。第二篇"卫禁"，规定了敬上（尊敬皇帝）和防非（防止违法犯罪）。第三篇"职制"，规定了言职司法制。第四篇"户婚"，规定了户口、婚姻家庭等管理百姓的事务。第五篇"厩库"，规定了马牛、兵甲、财帛之所藏。第六篇"擅兴"，规定了军事行动内容。第七篇"贼盗"，内容涉及严重的犯罪行为以及处置。第八篇"斗讼"和第九篇"诈伪"，涉及稍轻的犯罪行为以及处置。第十篇"杂律"，将法典诸篇中难以包容的各类零杂犯罪之处罚集中在一起。第十一篇"捕亡"，规定了罪犯逃跑之后的追捕。第十二篇"断狱"，以实囚情。法典500余条[3]规定经过系统排列，将整个国家事务的治理内容体系化地组合在一起。

---

〔1〕 何勤华：《法典化的早期史》，载《东方法学》2021年第6期。
〔2〕 （唐）长孙无忌等撰，刘俊文点校：《唐律疏议》，中华书局1983年版，第2页。
〔3〕 立法者制定时宣称为500条，历代学者研究后整理出来实际上是502条。

《唐律疏议》中所确定的这种总则在前、分则在后，实体在前、程序在后的体例结构，与中国早期的法律和封建社会初期的法律相比，科学性、系统性和规范性大大加强，表明封建统治阶级的立法技术已具有相当高的水平。

但无论是《法经》还是《唐律疏议》，从内容与体例上可以看出其多集中于犯罪与刑罚的内容，有很大的片面性。以后历朝历代的法典也以此为范例与基础订立。关于调解民事、经济方面纠纷的规定尽管有，如元朝制定的《盐法》《茶法》《税法》等，但非常稀少，还不受重视。总体来看，我国历代的封建成文法典，主要还是围绕君权统治设立各种规则，"以刑为主"，带有明显的威慑性。

中国古代成文法律的发展，还有一个很明显的特点，那就是受儒家礼教的影响，形成了"礼法合一"的状态。西汉时有位著名的思想家、政治家叫董仲舒，他把儒家思想概括为"三纲五常"[1]，构建了一套"君君臣臣"的统治秩序，并向汉武帝建议"罢黜百家，独尊儒术"，意思是废除其他思想，只尊重儒家的学说。凡是做官的人都要懂得儒家的学说，用儒家的思想来解释法律。

当时发生了这样一个案子。有个年轻女子结婚不久，丈夫乘船过河时遇到风浪，不幸淹死了，一直没有找到尸首。过了一段时间，女子的父母又为她定了门亲事，把她嫁了出去。当时汉朝的法律规定，丈夫没有下葬前，妻子不能改嫁。官府根据这条法律把这个女子抓了起来，判处她死罪。董仲舒知道了这个案子后，引用儒家经典著作《春秋》中的一个条例，意思是丈夫死后，妻子只要不是同别人私奔，而是顺从父母的意思，那么就可以再嫁。既然没有违背《春秋》的原则，就不能定罪。

董仲舒的建议，得到了当时帝王的采纳与后世的继承。而这样的结

---

[1] "三纲"是指"君为臣纲，父为子纲，夫为妻纲"，要求为臣、为子、为妻的必须绝对服从于君、父、夫，同时要求君、父、夫为臣、子、妻作出表率。"五常"即仁、义、礼、智、信，是用以调整、规范君臣、父子、兄弟、夫妇、朋友等人伦关系的行为准则。

果，直接导致了法律道德化，为我国古代法律添上了浓厚的伦理道德色彩。在这样的境况下，法律更多地依附于礼，"依伦理而轻重其刑"，法律丧失了自身价值与独立性，影响了进一步发展完善的进程。

直到清朝末年，列强入侵，国力屡弱，清政府才被迫开始对封建律法进行改革，在法典体例上终结了礼法融合的传统法律文化模式，通过日本取鉴了德国的成文法体系，彻底摒弃了传统法律"诸法合体"的形式，区分制定各个部门法，开启了我国法律近代化的进程。

清末修律活动

1902 年（光绪二十八年），近代史上著名的清末修律终于正式拉开帷幕。直隶总督袁世凯、两江总督刘坤一、湖广总督张之洞等晚清重臣联衔会奏，建议从速修订法律。清廷斟酌利弊之后，下达了修律的上谕，任命刑部左侍郎沈家本和出使美国大臣伍廷芳为修订法律大臣。[1]光绪皇帝正式下诏：参考外国法律，改订律例。作为修律大臣，沈家本既是一位中华传统律学功底十分深厚的法学家，又是一位积极吸取世界优秀法律文化的法学家；另一位修律大臣伍廷芳则谙熟外国法尤其是英美法，并于 1876 年取得英国律师资格。所以两位修律大臣"一中一西"、珠联璧合，在受命修律后，本着"参考古今，博稽中外""折冲樽俎，模范列强"

△晚清修律大臣沈家本

的宗旨和原则改订律法，向"诸法合体""德主刑辅"的古老中华法系发起根本挑战。[2]

---

〔1〕 叶孝信主编：《中国法制史》，北京大学出版社 1989 年版，第 283 页。

〔2〕 刘承韪：《论英美法引入与中国合同法的发展——从清末修律到 2020 年民法典》，载《学术月刊》2022 年第 4 期。

以沈家本为首的修订法律馆向清政府奏呈《删除律例内重法折》，提出修改刑律的宗旨是"改重为轻"，本此宗旨，亟须删除的重法有三项：一是凌迟、枭首、戮尸；二是缘坐；三是刺字。获清政府准允，删除一项完成，综计345条。[1]这一时期，刑事法律改革的标志性成果是《大清现行刑律》草案的出台，1910年5月，清政府正式颁布《大清现行刑律》。这部法律具有极其浓厚的封建色彩，是中国近代第一部专门的刑法典。它采用了近代刑法的编订体例，分总则、分则两编，共五十三章。它规定实行"罪刑法定"，明确了罪与非罪的界限；确认了近代刑罚制度，将刑罚分为主刑、从刑；明确了诉讼时效及执行时效等。

此外，清政府于1904年颁行《商人通例》及《公司律》，1906年颁布《破产律》，1910年起草完成《大清商律草案》，因清朝灭亡未及颁行。1911年，清政府仿德国民法编制完成《大清民律草案》，也未及颁行。1906年，沈家本为改变中国诉讼法与实体法混合编制的现状，主持起草了《刑事民事诉讼法》，1911年年初，沈家本又完成了《大清刑事诉讼律草案》和《大清民事诉讼律草案》，都未及颁行。1910年2月，清政府颁行了《法院组织法》，仿日本裁判所构成法而成。[2]

清末的修律活动，奠定了中国近代法制的基础，基本上完成了古代法向近代法的转变。之后经历了辛亥革命的南京临时政府、北洋政府、南京国民党政府等一系列立法活动，均告失败。自20世纪70年代末以来，我国才开始了真正意义上的法律现代化进程，着力于建设中国特色社会主义法律体系。经过三十多年的摸索实践，形成了以宪法为统帅，以宪法相关法、民商法等多个部门的法律为主干，由法律、行政法规、地方性法规等多个层次的法律规范构成的中国特色社会主义法律体系，法制建设成果显著。

---

〔1〕 怀效锋主编：《清末法制变革史料》（下卷），中国政法大学出版社2010年版，第40-42页、第57-58页。

〔2〕 李在全：《清末修律制法述略》，载《兰州学刊》2017年第7期。

总而言之，法律从无到有、从零碎到系统、从落后到先进的历程，与人类社会的文明进步是息息相关、紧密相连的。直到今天，法律已经渗透到我们日常生活的方方面面，成为每个现代公民的行为准则与权益保障。同时，随着法律的不断发展，我们现在看到并使用的不仅仅是法律条文、规则、程序，在它们的背后是浓缩着人类智慧结晶，并寄托着美好理想信念的法律精神与理念，它们代表着法律的核心价值，指引着法律的发展方向，确保我们的生活更加美好和谐。

思考题

1. 法律是如何影响我们的生活的？

2. 我们应该如何做一个守法公民？

推荐书目

1. 《中国法律思想史十讲》，马小红、柴荣、刘婷婷编著，中国人民大学出版社 2008 年版。

2. 《法理学——全球视野》，周永坤，法律出版社 2000 年版。

推荐电影

《马背上的法庭》（2006 年），刘杰执导。

第二篇

法治

　　每个公民要想具备健全的法律意识，养成依法办事的良好习惯，就要学习基本法律法规，掌握基础法律知识，分清合法与非法的界限。正如普法三字经所说："不懂法，害处大；如盲人，骑瞎马；学法规，长知识；心明亮，走天下。"足见了解法律知识的重要性。我们通常所说的法治与法制的区别在哪里？我们是如何一步步发展，走向中国特色社会主义法治道路的呢？我们又是如何在法治建设中回应人民期待的呢？

【阅读提示】

1. 充分了解何为法治。
2. 掌握中国特色社会主义法治道路的成长过程。
3. 明确建设法治中国的必要性。

第一节　法治的含义

> 法令行则国治，法令弛则国乱。
>
> ——《潜夫论》

生活中经常看电视、听广播、读报纸的人，对于如"法治意识""法治国家"之类的词，应该不会陌生。但究竟什么是"法治"，它对我们有什么好处，恐怕许多人就答不上来了。"法治"这个词，一般是相对"德治""人治"来说的。通俗来讲，由法律来治理国家，就是法治；依靠圣人贤君治理国家，就是德治。对于这个问题，在中西方历史上都有过非常激烈的争论。

在我国历史上，以孔子为代表的儒家，坚持依靠道德高尚的圣贤，通过道德感化来治理国家，主张"德治"；而以韩非子为代表的法家，则希望掌握国家权力的人通过强制性的法律来治理国家，并且特别强调严刑峻法的必要性。不管论战得如何热闹，"法治"并未得到统治者的支持，法治仅在古罗马有短期的实践，"德治"的状态却一直持续。直到17世纪—18世纪，在西方国家掀起的资产阶级反对封建专制的革命中，重提法治，提倡人民主权，要求废除君主专制，追求民主、平等、自由。经过长期的法治启蒙，直到约20世纪，部分国家才走上法治之路。随着法治观念的传播与深入人心，法治在全世界越来越多的国家得到肯定与确立，生根与开花。

我国在1997年党的第十五次全国代表大会报告中，第一次把"依法治国，建设社会主义法治国家"作为"党领导人民治理国家的基本方略"提出来。在这份报告中，有一个重大转变，就是把过去通常讲的"法制国家"改为"法治国家"。生活中，尤其是写文章的时候，很多人分不清到底应该用"法制"还是"法治"，二者的区别在哪里，或者觉得两个词的意思差不多，干脆就混用。其实，尽管只有一字之差，"法治"与"法制"还是有巨大差别的。

法制，顾名思义就是法律制度，它包括有关法律和制度的条文规定及部分惯例。有学者还认为，广义的法制还包括动态的法律实施，即立法、执法、司法、守法与法律监督等环节。

看到这里，有人不禁会问，法制已经足够全面了，有规定、有运行，我们需要的、使用的就是这些，为什么还要换种说法？法治又比法制"好"在哪里？在弄清这个问题之前，我们来看看先秦商鞅的做法。

王子犯法与庶民同罪

公元前356年，秦孝公启用了商鞅担任左庶长之职，标志着秦国历史上第一次重大变法的正式启动。商鞅变革的核心理念在于强化国家法制，倡导"以法治国"，即所有事务皆应置于法律之下，无一例外。然而，这一系列的革新举措不可避免地触及了旧贵族阶层的既得利益，激起了他们的强烈反感和阻挠。

旧贵族们深知，若能让太子嬴驷成为新法的"试金石"，或许能借此削弱乃至废止新法。他们暗中策划，利用太子的年轻冲动，诱导其违反了新颁布的法律。面对这一挑战，商鞅向秦孝公进言："新法之所以难以深入人心，关键在于上层贵族未能率先垂范，致使百姓视之为空文。今太子犯法，若不严惩，新法之权威何在？"

鉴于太子年幼且身为国之储君，不宜直接施以刑罚，商鞅提出了一个巧妙的解决方案：转而处罚太子的监护者，即负责教导的公子虔与公子贾。他认为，太子之过，实则是师教不严之责，因此应由其师代为受罚。这一举措不仅彰显了新法的公正无私，也向全国上下传递了一个明确的信息：无论身份高低，皆须守法，新法面前人人平等。

这就是法治的基本要求，也是它高于法制的地方，不仅要求制定并运行法律规章制度，更重要的是，法律需要得到包括掌权者在内的全社会民众的普遍遵守，即确立法律在一个国家"至高无上"的统治地位，任何人不得凭借手中的权力、财富，凌驾于法律之上；法律的制定、变更与实施，不会立足于一个人或小群体的利益；法律判决的结果，会得到不打折扣的坚决执行，不受任何人情、权力的干扰等。同时，法治对于制定的法律，也有内在的价值要求，即法律必须保障自由、平等、权利等基本人权，应该是"良法""善法"，这也是法治的灵魂。

当然，在上述案例中，值得敬佩的除了法治的力量，商鞅本人的魄力也值得尊重。纵观近现代史，我们看到，法治的实现绝非一日之功，中间会经历多次曲折与反复，很多时候权力并不甘拜下风，而是同法律展开面对面赤裸裸的较量。

赖某民受贿、贪污、重婚案[1]

2008 年至 2018 年，中国华融资产管理股份有限公司原董事长赖某民利用职务上的便利，以及职权和地位形成的便利条件，直接或通过特定关系人非法收受、索取财物共计 17.88 亿余元，伙同特定关系人侵吞、套取单位公共资金共计 2513 万余元。

〔1〕《中国华融资产管理股份有限公司原董事长赖小民受贿、贪污、重婚案一审宣判》，载 https://www.court.gov.cn/fabu/xiangqing/283031.html，最后访问日期：2024 年 9 月 11 日。

此外，在合法婚姻关系存续期间，其还与他人长期以夫妻名义共同居住生活，并育有子女。天津市第二中级人民法院一审判决，赖某民犯受贿罪、贪污罪、重婚罪，决定执行死刑。天津市高级人民法院二审维持原判后，经最高人民法院核准，2021 年 1 月 29 日，天津市第二中级人民法院依法对赖某民执行了死刑。

这起贪污、受贿、重婚案是党的十八大以来因贪污受贿犯罪被判处并执行死刑的第一案，赖某民在党的十八大之后不收敛、不收手，目无法纪，极其贪婪，社会危害极大，罪行极其严重。对其判处死刑立即执行，不仅是对赖某民个人贪腐行为的严厉惩处，更是对全社会的一次法治教育，有力推动了新时代法治进程，彰显了党和国家反腐败斗争的坚定决心和必胜信心。它明确告诉世人：无论职位多高、权力多大，一旦触犯法律，必将受到法律的严惩，贪腐之路，绝无侥幸。

因此，权力是否受法律的监督与制约，即政府是否凌驾于法律之上，就能区分出这个国家法律地位的高低，是不是法治国家。党的十八大以来，党中央反复强调"要努力让人民群众在每一个司法案件中感受到公平正义"，并且明确要求"所有司法机关都要紧紧围绕这个目标来改进工作，重点解决影响司法公正和制约司法能力的深层次问题"。习近平总书记如此强调法治建设的重要性，既是对我们党长期实践经验的深刻反思与总结，也是顺应社会进步和当前国家实际情况的必然选择。

身处法治社会，我们每个公民都应具备基本的法治意识。要了解法律规定，掌握基本的法律常识；应当知晓合法行为与违法行为的界限，警诫自己不做违法之事；受到非法侵害时，懂得用法律武器维护自身合法权益；能够主动制止破坏法律实施的行为，维护法律的尊严等。

当前，我国的法治建设虽然取得了巨大成就，但还存在需要提升的地方。如果大家都能够自觉增强法治意识，少一些指责和抱怨，多一些实践和帮助，主动敬法、守法、护法，相信我国的法治进程一定会稳步前进，社会发展的文明程度也会越来越高，使全体民众受益。

思考题

1. 想一想"法治"和"法制"的区别是什么？哪个更具有优势？

2. 了解完赖某民案件后你有什么感受？是否对法律有了更深刻的体会？

第二节　中国特色社会主义法治

立善法于天下，则天下治；立善法于一国，则一国治。

——王安石

　　在谈中国特色社会主义法治之前，我们先来看这句话："为国也，观俗立法则治，察国事本则宜。不观时俗，不察国本，则其法立而民乱，事剧而功寡。"这句话出自《商君书》，其大概意思是说治理国家，要在考察风俗民情的基础上立法，才能治理好，厘清国情、抓住根本，才能制定出适宜的政策。如果不考察当时的风俗，不厘清国家的情况，制定的法令政策很可能导致民众困惑不解，即便政务工作再如何繁忙，也难以取得实质性的成效。那么，理解了这句话，也就读懂了我国建设中国特色社会主义法治的必然。中国走什么样的法治道路，构建什么样的法律体系，是由我们的国情所决定的。

　　19世纪90年代，清代思想家、政治家黄遵宪读西方法律诸书，在其所著《日本国志·刑法志序》中谈到对"以法治国"的观察，这代表了中国一代知识分子对法治的渴求。从黄遵宪写下"以法治国"至今，中国人对法治的追求已走过一个多世纪。进入新历史阶段的中国法治是符合基本国情、具有自身特色的中国特色社会主义法治。它的发展历史是一部波澜壮阔的史诗，记录了中国人民在党的领导下，从法制建设到法治建设，再到全面依法治国的伟大历程。这一过程不仅体现了中国法治理论和实践的深刻变化，也彰显了中国共产党领导人民治国理政的智慧和决心。那么我们如何看待中国选择的法治道路？进入新历史阶段的中国法治如何走出自身特色？让我们放宽历史的视野，找寻读懂中国法治的"钥匙"。

中国特色社会主义法治的发展历程[1]

"中华人民共和国实行依法治国，建设社会主义法治国家。"这一条款经中共中央建议，于1999年3月15日以第九届全国人大二次会议通过的宪法修正案的形式，被正式写入现行《宪法》[2]。它与1997年党的十五大报告正式将依法治国确立为党领导人民治理国家的基本方略一样，不仅是中国这个世界上人口最为众多、历史最为悠久的文明古国在法治建设上的重要里程碑，也是人类法治史上的一个大事件。

自改革开放以来，我国法治建设逐步进入一个稳步推进的历史新轨，特征越发鲜明，那就是坚持中国共产党的领导，坚定贯彻人民意志，有战略、有步骤，从中国发展的实际出发，将经济建设、政治建设、党的建设和法治建设有机结合起来，相互支撑，互为奥援，不断取得一个又一个进步。

2014年10月，党的十八届四中全会通过《中共中央关于全面推进依法治国若干重大问题的决定》，绘制了全面推进依法治国路线图，标志着中国法治建设站在更高起点上，进入了全面推进和精耕细作的历史新阶段。

党的十九大召开后，党中央组建中央全面依法治国委员会，从全局和战略高度作出一系列重大决策部署，推动社会主义法治建设发生历史性变革、取得历史性成就，全面依法治国实践取得重大进展。

从1982年《宪法》中的"发展社会主义民主，健全社会主义法制"到1999年宪法修正案第5条的"中华人民共和国实行依法治国，建设社会主义法治国家"，从党的十一届三中全会的"有法可依，有法必依，执法必严，违法必究"到党的十八届四中全会提出的"建设中

---

〔1〕《中国人对"法治"的探寻如何不同于西方？》，载 https://www.chinanews. com/gn/2021/09-02/9556562.shtml，最后访问日期：2024年9月10日。

〔2〕本书中所引用的中国法律法规，为行文方便，省略"中华人民共和国"字样。

国特色社会主义法治体系，建设社会主义法治国家"以实现依法治国的总目标，法治受到与日俱增的重视，中国法治建设不断完善。

中国特色社会主义法治理念既优越于所谓古代中国法治的人治，又不同于水土不服的西方法治理念。它包括了依法治国、执法为民、公平正义、服务大局和党的领导，兼顾了法律正义性、权力限制以及尊重中国共产党领导地位的三个方面内容，具有显著的优越性。党的领导和社会主义法治是一致的，只有在党的领导下依法治国、厉行法治，人民当家作主才能充分实现，国家和社会生活法治化才能有序推进。这一中国方案和中国理论既继承了中国传统文化的精髓，又吸收了世界优秀文化的精华，是从中国实际出发，在革命、建设和改革的实践中探索出的适合中国国情的法治道路。

实际上，各国都有自己独特的法治传统和模式，中国就有自身独特的法治传统。从秦汉到清末的中国社会，是以先秦法家理论为基础的传统法治社会。而今天，中国正在建设的是坚持人民主体地位的、民主政治的法治社会。未来中国将继续从实际出发，汲取中华法律文化精华，借鉴国外法治有益经验，坚持依法治国、依法执政、依法行政共同推进，坚持法治国家、法治政府、法治社会一体建设，全面推进科学立法、严格执法、公正司法、全民守法，全面推进国家各方面工作法治化，在法治轨道上全面建设社会主义现代化国家。这个法治建设的进程中，涌现出无数优秀法治人物，用他们的努力让法治精神落地生根。

"弘扬宪法精神　传递法治力量"2022年度法治人物[1]
参与立法，积极普法的人大代表——杨震

杨震，男，第十二届、十三届全国人大代表，在任中国民法学研究

---

[1] 《2022年度法治人物揭晓》，载 https://cn.chinadaily.com.cn/a/202212/10/WS63949b42a3102ada8b2261f4.html，最后访问日期：2024年9月10日。

会副会长、黑龙江大学教授期间，杨震在深入调研的基础上领衔提出高质量的议案和建议 60 多件，范围涵盖《民法典》《刑法》等多项关系国计民生的法律制度。他带领学生深入企业、社区、乡村，义务提供法律咨询和法律服务，从 1986 年"一五"普法开始至今已坚持三十多年。

习近平法治思想的传播者——罗培新

罗培新，男，任上海市司法局党委委员、副局长，法学教授，同时是全国"八五"普法讲师团成员、上海市习近平法治思想学习实践宣讲团成员及上海市民法典宣讲团成员。在任职期间，他推动高规格组建上海市习近平法治思想学习实践宣讲团，直接主导并参与开展巡回宣讲活动，带动了一批领导干部、法官、检察官、专家学者加入，共同开展巡回宣讲。他牵头形成上海市"八五"普法规划，明确将学习宣传习近平法治思想作为重中之重，面向市民群众，创新传播方式，深入浅出，推动全市上下不断掀起习近平法治思想学习宣传热潮。

中国特色社会主义法治表现为立法、行政与司法的有机结合。对中国人民来说，一个强有力的法治政府更能凝聚全社会各阶层的基本共识，也更能得到人民群众的认可与支持。"民有所呼，我有所应。"在法治工作战线上，还有无数的平凡英雄。他们用行动捍卫公平正义，让法治信念薪火相传，让法治精神落地生根。正是在党的坚强领导下，全国上下共同努力，深入推进中国特色社会主义法治体系，才能为我国经济社会发展提供有力的法治支撑，不断满足人民群众在民主、法治、公平、正义、安全、环境等方面日益增长的需要。

思考题

1. 中国特色社会主义法治特点是什么？
2. 为什么走中国特色社会主义法治道路？

第三节　法治中国建设回应人民期待

政之所兴，在顺民心；政之所废，在逆民心。
——《管子·牧民》

　　法治社会建设的基础在人民，建设法治必须为了人民、依靠人民。法治要体现人民利益、反映人民愿望、维护人民权益、增进人民福祉。我国当前的法治建设，以坚持全面推进科学立法、严格执法、公正司法、全民守法为重要环节，促进各环节法治工作相互贯通、相互促进，同时在各个环节都在回应人民的期待，以推动全面依法治国不断取得新成效。

　　"立善法于天下，则天下治；立善法于一国，则一国治。"立法是社会主义法治建设的首要环节，是全面依法治国的起点。随着新时代的到来，中国社会的主要矛盾已经转化为人民日益增长的美好生活需要和不平衡不充分的发展之间的矛盾。在此背景下，人民群众对于民主权利的充分行使、法治社会的公正运行、公平正义的普遍实现、安全环境的切实保障以及生态环境的有效改善等方面，都寄予了更高的期望。因此，法治建设必须敏锐捕捉并积极回应这些新期待，坚持推进科学立法，及时反映党和国家事业发展要求、人民群众关切期待，努力让人民群众在每一项法律制度、每一次司法实践中都能感受到公平正义，从而不断增强人民的获得感、幸福感和安全感。而我们国家也正是通过一部部立法的制定、一件件司法案件的办理，通过实际行动让法治真正成为守护人民安居乐业、促进社会和谐稳定的坚固盾牌。自党的十八大到2022年9月，我国制定法律70件，修改法律238件次，作出有关法律问题和重大问题的决定99件，法律解释9件，通过宪法修正案，编纂民法典，制定监察法、国家安全法、外商投资法，修改环境保护法等一批重要法律。同时，根据时代发展，坚持急用先行，区分轻重缓急，加快立法步伐，在较短时间内制定出台疫苗管理法、生物安全法、长江保护法，完成涉港重大立法任务等体系。未来，我国法治国家建设的全面推进，必定会在经济发展、社会进步、日常生活与人的素质等各方面深深地烙上法治的印迹。

《民法典》

2020 年 5 月 28 日，十三届全国人大三次会议审议通过了《民法典》，这是中华人民共和国成立以来第一部以"法典"命名的法律，是新时代我国社会主义法治建设的重大成果。《民法典》是保护百姓权利的宣言书和保障书。《民法典》通过对现行的民法体系进行整合、编纂，密切结合社会现实出现的新情况、新问题，着力解决民生热点问题，填补了以往众多领域的法律空白。《民法典》共 7 编，1260 条，10 万余字，围绕总则编、物权编、合同编、人格权编、婚姻家庭编、继承编、侵权责任编以及附则展开，内容除了对保障公民权利作了全面的规定，也呈现出诸多亮点。

法律是治国之重器，良法是善治之前提。《民法典》的修订，系统整合了中华人民共和国成立 70 多年来长期实践形成的民事法律规范，汲取了中华民族五千多年优秀法律文化，借鉴了人类法治文明建设有益成果，填补了以往众多领域的法律空白，是一部符合人民利益和愿望、顺应时代发展要求的《民法典》。可以说，《民法典》的颁布是法治中国建设回应人民期待、展现人文关怀最直接的体现。

法治中国建设并非单一的制度设计，而是将立法、执法、司法、守法多方位融合在一起的法治体系。为此，除在立"良法"方面作出的努力之外，近年来，我国还通过不断推进综合行政执法体制改革、全面推行行政执法公示制度、执法全过程记录制度、重大执法决定法制审核制度，深入开展重点领域专项执法行动等方面在执法、司法上做革新，使执法的规范化建设有了很大提升，执法的不透明、不文明等现象明显减少。在市场监管、生态环境保护、文化市场、交通运输、农业农村等与人民群众息息相关的领域推进综合行政执法改革，令执法权责不清、重复执法问题得到有效破解。"理国要道，在于公平正直。"公平正义是我们党追求的一个非常崇高的价值，司法公正是社会公正的"最后一道防线"，公正是司法的灵魂和生命。当下，我国司法体制改革也取得了重大进展，以司法责任制为核心的中国特色社会主义审判权力运行体系基本建成，与新的办案机制相配套的权责一致、开放透明、亲民便民的"阳光司法"机制得以构建，协同落实干预、过问案件的记录和追责制度，深入推进审判公开、检务公开，以公开促公正，保证法官检察官"以至公无私之心，行正大光明之事"，维护司法裁判的独立性、终局性。

"10·18"特大跨境电信网络诈骗案[1]

2019年3月至2020年5月20日，"宏盛国际"犯罪集团租用成都某网络科技有限公司的客服软件，在菲律宾马尼拉马卡蒂市（音译）电力大厦组织设立虚假赌博平台——"腾讯彩票"，内设"北京28""加拿大28"等项目，实施电信网络诈骗犯罪。该犯罪集团通过交友软件，设置个人虚假信息资料、虚拟身份、虚拟定位，以交朋友"谈感情"的方式物色中国境内的被害人，编排"话术"与被

---

〔1〕《"10·18"特大跨境电信网络诈骗案宣判》，载 http://www.legaldaily.com.cn/index_article/content/2021-06/20/content_8533027.htm，最后访问日期：2024年9月10日。

害人聊天。取得被害人信任后，以"高额回报"为诱饵，诱骗被害人参与上述虚假赌博平台。前期让被害人少量获利提现，待被害人产生信任后继续诱骗被害人大额充值，之后以信息错误、金额不足、账户被冻结等为由拒绝提现，非法占有被害人钱财。本案国内被害人达1500余名，涉案金额10 458万余元。

公安部将此案列为督办案件，以立案时间确定为"10·18"专案，抓获犯罪嫌疑人100余名，冻结涉案资金900余万元。该案移送检察机关后，鉴于涉案人数多、涉及地域广、涉案金额特别巨大，且证据材料繁多、案情疑难复杂等情况，分别由四川省人民检察院成都铁路运输分院向成都铁路运输中级法院提起公诉1案29人；成都铁路运输检察院向成都铁路运输第一法院提起公诉4案69人。

后鉴于被告人关押于两个看守所，且人数众多，为保证疫情防控"万无一失"，成都铁路两级法院采用"线上+线下"的方式，通过审判法庭与两个看守所视频连线，首次实现被告人在三地同步受审。最终，由成都铁路运输中级法院集中公开宣判，涉案的98名被告人分别因犯诈骗罪、帮助信息网络犯罪活动罪，被判处1年至12年不等有期徒刑，其中判处5年以上刑期的39人。98名被告人被判处罚金共计2400余万元。

近年来，跨境电信网络诈骗犯罪持续多发高发，严重影响人民群众的获得感、幸福感、安全感，人民群众反映强烈。这起案件的成功办理，很好地向我们展现了公检法机关互相协作配合，充分发挥各自职能，联合督办，从而共同提升整体打击违法犯罪的能力，用坚决依法查处、从严惩治、协同治理的态度，铲除电诈"毒瘤"这一民之公敌，回应民之所盼。

人心是最大的政治，共识是奋进的动力。制度的完备以及法律的良善固然是重要的、根本的，但是一个国家中社会成员的素质如何，更应是当前法治中国建设的前提与根本。所以，法治在为了人民、回应人民期待的同时，也需要我们全民守法，让法治信仰根植于人民心中，用守法、尊法的行动共同去维护，形成全民守法的氛围，在实现人民获得更多的幸福感的同时，共建法治国家。

正如习近平总书记指出的，"法律要发挥作用，需要全社会信仰法律"，"只有内心尊崇法治，才能行为遵守法律"。法律的权威源自人民的内心拥护和真诚信仰，法治中国的建设离不开每一名公民对于法律的遵守、认可、尊重、敬畏。

目前，我国正深入开展法治宣传教育，健全普法宣传教育机制，实行公民终身法治教育制度，把法治教育纳入干部教育体系、国民教育体系、社会教育体系，运用多种形式推动宪法法律走到群众身边、走进群众心里，让法律宣传"活起来""落下去"，推动办事依法、遇事找法、解决问题用法、化解矛盾靠法的习惯和自觉逐步形成。在这一过程中，也涌现出了很多"法治榜样"。

"法律明白人"——陈海平

陈海平，时任周村区青年路街道二十里铺村"两委"成员、"法律明白人"。

为提高居民防范养老诈骗意识，守护好群众的钱袋子，陈海平积极向所在辖区的老年人发放反诈宣传手册，和老年人面对面交流，用通俗易懂的语言讲解法律法规，劝导居民在日常生活中要提高警惕、不贪图蝇头小利，切实守护好自己的养老钱。同时，她经常在村居民群分享一些反诈小知识，提醒居民注意个人隐私，不随便透露自己及家人的信息，不轻易点击陌生短信和链接。警惕看视频赚红包，"扫一扫"赢奖品等陷阱，进一步提升居民的防骗知识和技能，增强防范意识。陈海平不仅身体力行，还发动社区网格员通过悬挂横幅、张贴标语、发放宣传单、进村入户等多种形式，大力宣传宪法、民法典以及与群众生产生活密切相关的法律法规，引导群众学习法律、运用法律，提高群众的法律意识，增强群众自觉践行法治的积极性和主动性。

思考题

1. 法治中国建设中对你影响最大的方面是什么？
2. 普通公民应当如何参与法治中国建设？

推荐书目

1.《法治及其本土资源》，苏力，北京大学出版社 2022 年版。
2.《法治的细节》，罗翔，云南人民出版社 2021 年版。

推荐电影

1.《底线》（2022 年），刘国彤执导。
2.《法治中国》（2017 年），童宁执导。

第三篇

价值

　　价值不仅包括物质层面的东西，还有非物质层面的。例如，良好的社会秩序，因为有秩序的社会才能保证个人的生命财产不受侵犯，人民能够安居乐业。法律也是有价值的，其内容很丰富，包括自由、秩序、正义、公平等。那么，法律为什么会有这些价值？这些价值的作用是什么？为什么我们要推崇法律的这些价值？

【阅读提示】

1. 理解法律价值的来源。

2. 分析法律价值的作用。

3. 探讨推崇法律价值的原因。

第一节　平等是基础

人人相亲，人人平等，天下为公，是谓大同。

——康有为

平等是社会主义法律的基本属性，是社会主义法治的基本要求。故而，在当今社会中，平等是被广泛接受的价值。例如，我们都熟悉的格言"人人生而平等"。作为一项基本的法律价值，平等不仅是原则，也是权利。

但平等的价值观并非自始有之，它经历了一个长期的发展过程，甚至是付出斗争后获得的。原始社会瓦解后，人类社会进入了奴隶社会，奴隶被当作"会说话的工具"，毫无人身自由，他们是奴隶主的财产和商品。奴隶可以被任意买卖和杀戮，奴隶主与奴隶之间毫无平等可言。在封建社会，开始出现了一些平等意识，《礼记》中说"天下无生而贵者"，而孟子更认为"人皆可以为尧舜"，虽然这仅是一小部分人的呼声，但是也引起了民间"王侯将相，宁有种乎"的思考与行动。到了资本主义社会，富裕起来的资产阶级更是争取一种形式上的平等，将法律作为固定平等的工具，防止受到封建特权的侵犯。

特权是与平等对应的概念，只要有特权存在，平等就无法实现。特权问题是人类社会从古至今一直要面对的政治问题和重大挑战，任何一个社会集团或政治性组织，如果内生出一种"特权正当"的文化，并由此而产生与人民利益不符的自身特殊利益，就会走向人民群众的对立面。在奴隶社会，奴隶主对奴隶有生杀予夺的特权。在封建社会，地主、官僚们享有日常政治、文化、社会生活的各种特权，在司法上也有"刑不上大夫"一类的特权。在资本主义国家，资产阶级喊出了"法律面前人人平等"的口号，用法律上的平等对特权进行批判。

我国在消灭了剥削阶级之后，确立了人民身份平等，并在法律上保障了公民平等地享有权利承担义务。我国《宪法》第 33 条第 2 款规定，中华人民共和国公民在法律面前一律平等；第 4 款规定，任何公民享有宪法和法律规定的权利，同时必须履行宪法和法律规定的义务。《宪法》第 5 条第 5 款规定，任何组织或者个人都不得有超越宪法和法律的特权。《宪法》中还规定了各民族一律平等；妇女享有同男子平等的权利；公民享有平等的选举权和被选举权等。

然而，法律上规定的平等是一种形式平等，"徒法不足以自行"，法律作用的发挥依赖于人们自行遵守。由于我国在历史、思想、文化和传统方面的原因，想要实现实质平等仍须进一步提高法治观念。"规定都是为别人定的""规定只用来管别人而不管自己"，如果一个手握"公权"的人尤其是手握"重权"或"执法权"的人也这么想，这种被"歪曲"的"公权"将会严重扰乱正常的社会秩序，而其利用特权实施违法犯罪行为更会严重破坏社会公平正义，损害国家和人民的利益。

无期徒刑！陈某东受贿、贪污、滥用职权案一审宣判[1]

2000 年至 2022 年，被告人陈某东利用担任西藏自治区林芝地委副书记、地区行政公署常务副专员，福建省宁德市委副书记、市长，福建省林业厅党组书记、厅长，福建省漳州市委书记，厦门市人大常委会党组书记、主任等职务上的便利以及职权或者地位形成的便利条件，为有关单位和个人在林地审批、项目承揽等事项上提供帮助，非法收受财物共计折合人民币 9415 万余元；2015 年至 2017 年，陈某东利用担任漳州市委书记职务上的便利，伙同他人共同侵吞国有财产 341 万余元；2013 年至 2014 年，陈某东在担任漳州市委书记期间，徇私舞弊，滥用职权，

---

[1] 《无期徒刑！陈家东受贿、贪污、滥用职权案一审宣判》，载 https://www.spp.gov.cn/zdgz/202309/t20230905_627340.shtml，最后访问日期：2024 年 9 月 14 日。

违规向开发商多支付工程款，造成国有财产损失 1.9 亿余元。

2023 年 9 月 5 日，江西省南昌市中级人民法院公开宣判，对被告人陈某东以受贿罪判处无期徒刑，剥夺政治权利终身，并处没收个人全部财产，以贪污罪判处有期徒刑 7 年，并处罚金 30 万元，以滥用职权罪判处有期徒刑 8 年，决定执行无期徒刑，剥夺政治权利终身，并处没收个人全部财产；对查封、扣押在案的犯罪所得财物予以追缴，贪污、滥用职权部分发还被害单位，受贿部分上缴国库，不足部分，继续追缴。

像陈某东这样"作风霸道、特权思想严重"的行为作风，体现了权力的膨胀，自以为处处"高人一等"，官僚气十足，将自己凌驾于人民群众之上、纪律法律之外……种种做派，严重损害社会公平正义，啃食人民群众获得感，既与党员干部的身份格格不入，更有损党员干部的形象。

试想一下，两个正常人赛跑，如果让一人先跑，另一人后跑，那么无论过程中竞赛规则如何平等，其结果也必然是不平等的。起点的不平等必然导致结果的不平等。所以，"法律面前人人平等"，每个人平等地享有权利和义务，不应有群众与干部之分。若真要有所区分，那么应当是领导干部在群众能做到的方面，不仅要同步做到，还要以身作则，发挥表率作用，带头执行。然而，令人遗憾的是，总有一些领导干部，为了个人私欲，滥用职权、以权谋私、搞特殊化，所以最终受到法律制裁实在不冤。

天下之事，不难于立法，而难于法之必行。究其原因，在于有的对制度规定不仅没有敬畏感，反而有种优越感，认为自己高人一等，把公权当特权，制度的"手电筒"只照别人不照自己，无视法规制度约束，任性妄为。有的自视"特殊"，官气十足，用权任性；有的自享"特殊"，超标准享受，用潜规则行事；有的自居"特殊"，蔑视法纪，以言代法。查处的案例表明，哪里有特权，哪里就有不公，哪里就会滋生腐败。

当然，在当今社会，特权思想只是小部分人的歪风邪气，更多的是依法办事、严以用权的现代化执法队伍。

女子违停被交警老公贴罚单
老公：从我零花钱里扣[1]

2022 年 7 月 16 日，山东烟台一女子将车停在路边，办完事出来后看到车上被贴了罚单，想起这是自己老公负责的区域，当场打电话询问，没想到就是她老公贴的，便微信语音联系老公。对方似乎知道来意，开门见山地说道："你的车被我贴上罚单了。"女子反问道："你还知道是我的车啊？我的车你也贴呀？"老公回应道："谁让你违章停车，我这是公私分明，从我零钱里扣。"

打铁必须自身硬。交警面对妻子违章停车的违法行为，不搞"特殊"，而是严格依法办事，既是对亲属的最大爱护，也是对法律尊严的最好维护；既是对亲人负责，也是对法律负责、对社会负责。说句心里话，我们应该为这位交警点赞。如果每位执法人员都能像这位交警一样，不讲特权，不徇私情，依法办事，何愁社会公平正义得不到维护？何愁不会赢得群众的支持和拥护？

在现代社会中某些人以为自己拥有特权，就能凌驾于民众之上，享受各种特殊待遇。但特权并不符合我国社会主义法治理念，它与我们追求的平等目标背道而驰。正如习近平总书记强调的："各级领导干部都

---

〔1〕《女子违停发现被交警老公贴罚单》，载 https://www.workercn.cn/c/2023-04-24/7814614.shtml，最后访问日期：2024 年 9 月 10 日。

要牢记，任何人都没有法律之外的绝对权力。"平等才是我国法治的主流和方向，要实现人人平等，必须坚决铲除特权，坚持法律面前人人平等，用一把尺子量长短，建立健全的法制和透明的社会机制。只有这样才能真正实现社会的公平公正，让每一个人都能平等享有国家的资源和机会，推动社会的进步和发展。

思考题

1. 在追求平等的过程中，如何平衡个人权利与集体利益之间的关系？

2. 当面对他人的特权行为时，应如何维护自己的合法权益？

第二节　诚信作保证

> 志不强者智不达，言不信者行不果。
>
> ——《墨子·修身》

从小父母就教育我们为人要诚实，要说真话，这是最朴素的诚信观念。诚实，指言行与内心一致，不虚假，真实地表达自己的意见；信用，指遵守诺言，实践约定，取得别人对自己的信任。从道德范畴来讲，诚实信用即待人处世真诚、老实、讲信誉，言必信、行必果，一言九鼎，一诺千金。我国从古至今诚实守信的事例很多，其中著名的就是"曾子杀猪"。

曾子的妻子要去赶集，孩子哭闹着想跟着去，妻子就哄孩子说："你只要乖乖在家待着，我回来就杀猪给你吃。"妻子从集市回来后，发现曾子真的准备杀猪，就急了，说："我跟孩子说着玩呢，你怎么就当真了？"曾子说："和小孩不能随便开玩笑，他们没有分辨能力，只会模仿父母做事，你现在欺骗他，就是教孩子骗人啊！"说完，就把猪杀了，真的让孩子吃上了猪肉。

这个故事告诉我们，诚实信用是人类的一种美德，父母不应失信于孩子，孩子只有从小接受诚实信用的观念，长大后才会自觉付诸行动。

诚实信用原则最初产生于人类经济生活的基本要求，它对人类经济生活来说是基本的和必要的，大家都自觉遵守并践行这一原则。随着人类社会的进步和商品经济的发展，诚实信用原则被转化为法律原则。

《民法典》第7条规定，民事主体从事民事活动，应当遵循诚信原则，秉持诚实，恪守承诺。诚信原则除了第7条的总括性条文，在意思表示、解释合同条款、订立合同、合同履行、债权债务终止等具体民事环节上均有体现。例如，《民法典》第509条第2款规定，当事人应当遵循诚信原则，根据合同的性质、目的和交易习惯履行通知、协助、保密等义务。《民法典》第 558 条规定，债权债务终止后，当事人应当遵循诚信等原则，根据交易习惯履行通知、协助、保密、旧物回收等义务。由以上内容可以看出，在民事法律法规中，诚实信用是一个非常基本的原则，被称为民法中的"帝王原则"。

诚信原则既是一条守法原则，也是一条司法原则。作为一条守法原则，它要求人们在民事活动中遵守基本的交易道德，以平衡当事人之间的各种利益冲突与矛盾。另外，作为一条司法原则，它有填补法律漏洞的功能。当人民法院在司法实践中发现以前没有出现过的新情况和新问题时，可以直接适用诚实信用原则进行公平裁量，调整利益相关者之间的权利义务。同时，诚信是社会主义核心价值观的基本要素和道德基础，它不仅是个人层面的基本价值准则之一，还是现代社会普遍适用的基本伦理原则。

然而，在我国社会主义市场经济发展过程中，经济利益冲昏了一些人的头脑，小部分人被物质利益蒙蔽了眼睛，走上了失信的路。

邱某申请执行赵某民间借贷纠纷案[1]
——"黄牛入罪" 切实从源头打击"老赖"违反限高令

邱某与赵某民间借贷一案，邱某于 2019 年 8 月将赵某诉至上海市宝山区人民法院（以下简称宝山法院）。经审理，法院判决赵某需归还邱某借款 4.1 万元及利息。判决生效后，由于赵某未能履行判决确定的付款义务，邱某向法

民间借贷

〔1〕《邱某申请执行赵某民间借贷纠纷案（宝山法院）》，载 https://www.bjsjs.gov.cn/sjsxy/dxal/sxcj/20230707/15357720.shtml，最后访问日期：2024 年 9 月 12 日。

院申请强制执行。在执行过程中，发现被执行人赵某名下暂无任何可供执行的财产信息，且拒不到庭提供财产报告令。宝山法院将被执行人赵某纳入全国失信被执行人名单并对其发出限制消费令。

经查，被执行人赵某在被限制高消费后仍多次通过"特殊渠道"订购高铁票，频繁往返徐州、诸暨等地。2021年2月5日，宝山法院针对被执行人赵某上述规避执行、违反限制消费令的举措，对其进行司法拘留并处以罚款，并将违法犯罪线索移交公安机关处理。

宝山法院根据与宝山区公安分局建立的执行联动机制，最终一举将以董某为首的"黄牛"公司成功打掉。宝山法院审理后认为，被告人董某伙同他人倒卖车票，情节严重，其行为已构成倒卖车票罪，应依法惩处。"枪挑一条线，棒打一大片"，宝山法院坚决打断了这条"黄牛"与"老赖"建立的违法链条。

所谓"老赖"，法律上称为失信被执行人。根据《最高人民法院关于公布失信被执行人名单信息的若干规定》第1条的规定，有履行能力而拒不履行生效法律文书确定义务的；以伪造证据、暴力、威胁等方法妨碍、抗拒执行的；以虚假诉讼、虚假仲裁或者以隐匿、转移财产等方法规避执行的；违反财产报告制度的；违反限制高消费令的；无正当理由拒不履行执行和解协议的失信被执行人，都可能被纳入失信名单。这起案件是全国第一起将向"老赖"出售高铁、飞机票的"黄牛"团伙入刑的案件，可以说从源头上切断了违反限制高消费令的违法行为，让作为失信被执行人的"老赖"无处遁形。

诚信是人民群众敢于创造、乐享收获的压舱石。诚信社会是构筑法治国家的基础，限制高消费令等信用联合惩戒机制更是实现国家诚信体系和法院执行能力现代化的重要组成部分。当前"黄牛"堂而皇之地向"老赖"兜售高铁、飞机票，把破坏法院执行当作敛财之道，这无疑是对诚信体系与司法权威的严重挑战。

对于这些故意规避法院执行的违法行为，国家司法机关也是持严肃态度，坚持追查到底决不放弃，坚决予以打击，构成犯罪的，严肃追究刑事责任。

让"拒执罪"告诉你"赖"的代价有多重[1]
——银行有存款不还债　顽固"老赖"被判刑

侯某与黄某合伙协议纠纷一案，广西壮族自治区钦州市钦北区人民法院审理后作出判决：黄某偿还侯某3.3万元。法院的判决生效后，黄某拒不履行还款义务，侯某依法申请强制执行。案件进入执行程序，法院向黄某发出了执行通知书。法官多次做黄某的思想工作，要求其依法履行义务，但黄某拒不执行。其间，法官发现黄某在银行开了一个账户，该账户存在多笔资金转支存记录，存款有4万余元。法院审理后认为，黄某的银行账户有存款余额4万余元，仍拒绝履行偿还义务，导致法院生效的民事判决无法执行。据此，钦州市钦北区人民法院以犯拒不执行判决、裁定罪，判处黄某有期徒刑6个月，缓刑1年。

诚信乃安身立命之本，但是总有些被执行人视诚信为无物，他们明明有履行义务的能力，却没有履行义务的诚信，反而自作聪明地自导自演"净身出户""虚假交易""撒泼耍赖"等戏码，以身试法，妄图逃避执行。这起"有钱不还"被判刑的案件用事实告诉我们：国家的司法权威不容挑战！除纳入失信被执行人名单、限制高消费名单之外，打

---

〔1〕《让拒执罪告诉你"赖"的代价有多重》，载 https://www.chinacourt.org/article/detail/2019/03/id/3748381.shtml，最后访问日期：2024年9月12日。

击拒执行为还有重拳一击——拒不执行判决、裁定罪。《刑法》第313条对拒不执行判决、裁定罪作出了规定：对人民法院的判决、裁定有能力执行而拒不执行，情节严重的，处3年以下有期徒刑、拘役或者罚金；情节特别严重的，处3年以上7年以下有期徒刑，并处罚金。单位犯前款罪的，对单位判处罚金，并对其直接负责的主管人员和其他直接责任人员，依照前款的规定处罚。

这些实实在在的例子无疑不向我们表达出一个真理：诚信是做人的根本。"讲信义是我们民族的传统。"中华传统美德把诚信视为人"立身进业之本"，要求人们"内诚于心，外信于人"。诚信绝不仅是单纯的守约与履约问题，更是劳动创造的态度和品德问题。诚信要求人们在认识、改造自然和社会的活动中，尊重客观事实不作假，不投机取巧、偷奸耍滑；在社会交往中求实不骗人、不自欺，反对虚伪和欺骗，真诚待人。人们唯有为人真诚、信守约定、践行承诺，才会心里踏实有安全感、彼此信任有幸福感，才会形成良好的工作作风和社会风气。一旦自作聪明，便会作茧自缚，沦为阶下囚，毁了自己的一生。

法治国家的发展历程表明，一个缺乏诚信的社会，维持不了长久的繁荣。市场经济本质上是信用经济。在商品交换和资源配置过程中，诚信是降低交易成本、提高市场效率的关键因素。企业和个人遵循诚信原则进行交易，能够减少欺诈、违约等行为的发生，保护消费者权益，促进市场公平竞争。法治国家通过立法保护诚信行为，打击失信行为，为市场经济的健康发展提供有力的法律保障。所以我们每个人都应增强自身诚实守信的行为动力，真正"让诚实守信成为全社会共同的价值追求和行为准则"。

延伸阅读

一、哪些主体可能会触犯"拒执罪"？（以下"人"包括自然人和单位）

1. 被执行人；

2. 提供执行担保的人；

3. 负有协助执行义务人；

4. 以暴力、威胁等方法阻碍执行的人。

二、"拒执罪"有哪些常见的犯罪模式？

1. 隐藏、转移、故意毁损财产或者无偿转让财产、以明显不合理的低价转让财产；

2. 拒不交付法律文书指定交付的财物、票证或者拒不迁出房屋、退出土地；

3. 与他人串通，通过虚假诉讼、虚假仲裁、虚假和解等方式妨碍执行；

4. 接到人民法院协助执行通知书后，拒不协助执行；

5. 以暴力、威胁方法阻碍执行人员进入执行现场或者聚众哄闹、冲击执行现场；

6. 其他情形。

三、大数据如何揪出隐形"老赖"？[1]

重拳打击"老赖"，各级人民法院还会有哪些大招呢？最高人民法院相关负责人表示，目前各地人民法院正在探索建立大数据智能分析系统，向大数据、人工智能借力，智能分析被执行人行为，分析其履行能力，精准发现逃避执行行为。

广州互联网法院开发的智能分析系统，可以整合被执行人移动支付、网络购物、大额消费、网络活动轨迹、信用等级评估等动态数据，构建被执行人履行能力的五级评价体系，一键生成被执行人履行能力报告，让失信被执行人原形毕露。

如冯某欠付某公司5416元贷款案中，冯某自称失业在家、无力偿还，但系统分析发现其同期网络消费支出约4万元，其中"直播打赏"超1万元，系统自动评定其完全具备履行能力。

---

〔1〕《一问到底｜法院重拳打击　如何让"老赖"无所遁形？》，载 https://news.cctv.com/2023/05/20/ARTI8NBY5y1JJbPp7deq0ZTK230520.shtml，最后访问日期：2024年9月12日。

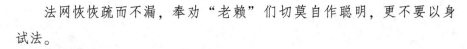

法网恢恢疏而不漏，奉劝"老赖"们切莫自作聪明，更不要以身试法。

思考题

1. 在个人生活和社会环境中，如何践行诚信这一社会主义核心价值观？

2. 如何理解《民法典》中的诚信原则？

第三节 正义为立场

理国要道，在于公平正直。

——《贞观政要·论公平》

公平与正义是人民群众对法治的期望和向往，它历来是国家和人民追求的崇高理想与目标。从小我们便熟知正义的重大意义，只有站在有利于国家、有利于人民的立场上，站在正义的光辉阵营中，个人才能健康发展，社会才能稳定和谐，国家才能长治久安。在我们小时候就耳熟能详的寓言故事中，在儿时看过的动画片里，我们就知道了正义必将战胜邪恶，只有心怀正义才能够过好这一生。

从法律角度出发，在中国特色社会主义法治体系中，对于正义的分类为两种，一种是实体正义，另一种是程序正义。这两种正义共同组成了我国法治体系的正义基础。实体正义是指实现结果上的公正与正义，代表着人们追求的公平结果和古老的善恶报应观念，是司法系统和大众普遍认可的目标。实现实体正义要求案件真相大白，正义得以伸张。程序正义则是指案件处理过程中的公平与正确，特别是审查过程完全公正、合理、合法，确保程序得到普遍认可并保护双方合法权益。实体正义和程序正义相辅相成，共同构成了法律正义的基石。

从古至今，我国一直有关注实体正义且兼顾程序正义的意识。我国古人坚信"善恶有报""因果报应""邪不压正"，在古代便有了探索程序正义的雏形，如衙门断案、禁止私设公堂、状师制度、击鼓鸣冤、告御状等。中华人民共和国成立后特别是改革开放以来，程序正义开始获得更多关注，以期更有效地保障实现实体正义。

最高人民检察院核准追诉 36 年前
舟山海上特大抢劫杀人案
——"1987·3·20"舟山定海摘箬山特大命案一审宣判[1]

2023 年 11 月 2 日下午，备受社会关注的"1987·3·20"浙江舟山定海摘箬山特大命案一审宣判。法院经审理查明，1987 年年初，被告人蒋某兴、薛某元为偿还赌债合谋杀人劫取渔船财物。经物色作案对象后，二被告人于同年 3 月 17 日傍晚，携带混有安定药物的白酒、榔头等作案工具，到宁波市新江桥附近码头，以运鱼货为由骗雇被害人 6 人驾驶自营船出海。上船后，按事先分工，蒋某兴在卧舱内陪 5 名船员聊天，劝喝掺有安定药物的白酒，薛某元则在驾驶舱以聊天为名陪同、看守驾船人。船从宁波甬江顺流出海，待船员深夜熟睡，二被告人会意后，分别用榔头在卧舱、驾驶舱、前舱位置敲击入睡船员及驾船人，随后使用缆绳将 6 名被害人捆绑并连接石柱、铁锚沉入海底，致 6 名被害人死亡。二被告人共劫得现金约 7000 元。

法院审理认为，被告人蒋某兴、薛某元经预谋，采用故意杀人方式劫取他人财物，并致 6 人死亡，二被告人的行为均构成抢劫罪，且系共同犯罪。检察机关指控罪名成立。二被告人有预谋地杀人劫财，主观恶性极深，犯罪手段特别残忍，犯罪后果特别严重，社会影响极其恶劣，依法应予严惩，采纳检察机关的量刑建议，对二被告人判处死刑。此外，法院还对被害人亲属提起的刑事附带民事诉讼进行了宣判，判令蒋某兴、薛某元赔偿 6 名被害人亲属各项经济损失共计 155 万元。

虽然这起恶性抢劫杀人案已经过去 30 多年，超出追诉期限，但最高人民检察院审查后坚持依法核准追诉，最终以被执行死刑的方式，让"坏人"为其罪大恶极的行为赎罪。案件的结果向我们表明了正义虽远

---

[1]《"1987·3·20"舟山定海摘箬山特大命案一审宣判》，载 https://www.spp.gov.cn/spp/zdgz/202311/t20231103_632850.shtml，最后访问日期：2024 年 9 月 12 日。

必达、虽久必至，彰显了法治的正义，也实现了结果上的公平与正义。

2024 年年初上映的电影《第二十条》曾因"正当防卫"法条背后的公理正义引起大家广泛热议，它将抽象的法律化作身边的故事，虽然故事是虚构的，但向观众传达出"法不能向不法让步"的观念，引发了人们对于公平正义的思考。

电影是从三桩案件展开：曾被单位授予"荣誉好司机"的张某生，面对公交车上发生骚扰事件，第一时间行使正义之举，而后被打，之后互殴，最终司机因用灭火器重砸人头被判 3 年；村霸一家长期以讨债为由无限度霸凌欺辱王某强一家，不仅殴打、谩骂，甚至将王某强像狗一样用铁链拴起来，并多次强暴其妻子郝某萍，最终在"村霸"再次施害时，被王某强奋起反抗用剪刀捅死；检察官韩某的儿子遇到校园霸凌，挺身而出制止，将霸凌同学的人打伤。影片通过检察官韩某的视角切入，从他不敢适用、不愿适用到依法适用正当防卫制度维护公平正义，到最后在他的坚持下王某强的行为被认定为正当防卫，无罪释放，展现了当前司法人员用实际行动对公平正义的求索与捍卫，也体现了执法者关注程序正义，坚定维护司法公正的追求和坚守。

徒法不足以自行，虽然 1997 年《刑法》规定了较为完善的正当防卫制度，但在司法实践中，受证据不足、事实不清、传统司法理念等原因的影响，在相当长的一段时期内却是"沉睡条款"。譬如，影片中作为关键证据的"刀"遍寻不到、关键证人沉默不语、过往案例的司法惯例等均给《刑法》第 20 条的适用带来阻碍。近年来，自 2018 年昆山反杀案开始，司法机关又依法办理了赵宇见义勇为案、河北涞源反杀案、浙江盛春平案等一批社会高度关注的正当防卫案件。2020 年，为积极回应社会关切，大力弘扬社会主义核心价值观，最高人民法院、最高人民检察院、公安部印发《关于依法适用正当防卫制度的指导意见》，明确要结合一般人在类似情境下的可能反应，防止在事后以正常情况下冷静理性、客观精确的标准去评判防卫人，以及案件处理要符合人民群众的公平正义观念。这一件件的"壮举"及法律制度的不断完善也在不断诠释出司法机关更加关注程序正义，充分发挥其在实现实体正义、维护社会公平正义方面的作用，以更好地满足公众对正义的期待。

正义是法律的基本价值，是评价法律进步与否的重要标准，人们对正义的追求也极大地推动着法律的改良和进步。法律不是冰冷的条款，而是蕴含人情与天理、体现着公平正义的朴素价值观，只有体现了公平正义的法律，才会被公民发自内心地信仰与遵从。正当防卫问题之所以会引发社会广泛关注，实际上也反映出人民群众对民主、法治、公平、正义更高的需求。而检察机关及时回应社会关切，积极弘扬社会正气，更有像韩某、吕某玲等新时代检察官敢于担当，坚守初心，最终使正义得以伸张，恶行得到惩处，使"法不能向不法让步"的法治精神逐渐深入人心。

正义的实现，不仅是评估社会文明进步的关键尺度、衡量国家法治建设水平的显著标志，也是我国构建社会主义和谐社会的追求目标，只有让广大人民群众在社会生活和经济活动中切实体验到正义的彰显，才能使人民群众对社会主义法治充满信心。在推进全面依法治国的过程中，我们必须始终关注程序正义，坚定维护司法公正，为构建公平正义的社会提供坚实支持。

在法治社会中，只有人人遵法、守法、护法，才能让弱小有安全，让善良放光芒，让生命有保障，让正义有回声。

思考题

1. 法律如何保障社会正义？
2. 法律与道德在维护正义方面的异同点是什么？

第四节 尊严的维护

> 法律的基本意图是让公民尽可能地幸福。
>
> ——柏拉图

在人类社会的发展历程中，法律能够为人们提供良好的生活秩序，给社会带来公平正义，使人们具有安全感，让人们能够自由、有尊严地生活。

活着，首先就不容易，而要有尊严地活着就更不容易。人生在世，首先要满足衣、食、住、行等基本生活需要。而作为一种精神层面的追求，尊严建立在物质的富足上。古人云，"仓廪实而知礼节"，只有物质生活丰富了人们才会注重礼节。然而，物质生活的丰富不能直接带来有尊严的生活。如果没有法治保证社会的公平正义，人与人之间的关系就不能平等，人们的生活就没有安全感。如果没有法律对公权力的约束，个人的财产就可能遭到他人蓄意的损害或国家的强制剥夺，从而使多年积累毁于一旦。因此，一个有尊严的社会首先是一个法治社会，当政府的权力受到监督，政府用公权力保障公民权利、健全公共服务的时候，才有可能出现更加有尊严、更公正、更和谐的社会。

2021年1月1日，我国历史上第一部统一的《民法典》正式施行，这是中国法治史上里程碑的事件。其中，最大的亮点和创新之处就是人格权独立成编。不仅将以往散落在民法各处的人格权"整理收纳"，更是通过对公民人格权的庄严确认与严格保护，传达出民法典对个人的关爱——要让每个人活得更有尊严。从这一立法创新背后，不难看出我国注重人的精神本性与精神追求的更深层次的人文关怀。"人民对美好生活的向往，已经从吃饱穿暖变成了人身自由、人格尊严，将人格权单独成编，让人格尊严得到全面保护，是对人民需求和社会经济发展的积极回应，彰显我国以人为本的立法宗旨，也体现出以人民为中心的发展思想。"

民法典颁布后人格权司法保护典型民事案例[1]
——养女墓碑刻名维权案

原告石某连系已故石某信夫妇养女和唯一继承人，被告石某荷系石某信堂侄。石家岭社区曾于2009年对村民坟墓进行过搬迁，当时所立石某信夫妇墓碑上刻有石某连的名字。2020年夏，石家岭居委会进行迁坟过程中，除进行经济补偿外，新立墓碑由社区提供并按照各家上报的名单镌刻姓名。石某荷在向居委会上报名单时未列入石某连，导致新立墓碑未刻石某连的名字。石某连起诉请求判令石某荷在石某信夫妇墓碑上镌刻石某连的名字，返还墓地搬迁款，赔偿精神损失。

一审山东省济南市钢城区人民法院经审理认为，根据《民法典》第990条第2款的规定，除法律规定的具体人格权外，自然人享有基于人身自由、人格尊严产生的其他人格权益。逝者墓碑上镌刻亲人的名字是中国传统文化中后人对亲人追思情感的体现，对后人有着重大的精神寄托。养子女在过世父母墓碑上镌刻自己的名字，符合公序良俗和传统习惯，且以此彰显与逝者的特殊身份关系，获得名誉、声望等社会评价，故墓碑刻名关系到子女的人格尊严，相应权益应受法律保护。原有墓碑上镌刻有养女石某连的名字，石某荷在重新立碑时故意遗漏石某连的刻名，侵害了石某连的人格权益，应承担民事责任。一审判令石某荷

---

〔1〕《最高人民法院发布民法典颁布后人格权司法保护典型民事案例》，载 https://www.chinacourt.org/article/detail/2022/04/id/6625746.shtml，最后访问日期：2024年9月12日。

按民间传统风俗习惯在石某信夫妇墓碑上镌刻石某连的名字、石某荷返还石某连墓地拆迁款 3736 元。济南市中级人民法院二审维持原判。

养子女在过世养父母墓碑上刻名的权益关涉人格尊严和人格平等，符合孝道传统和公序良俗，从这个案例审判结果中我们不难看出，自《民法典》颁布以后，将此种人格权益纳入一般人格权予以保护，回应了社会发展所产生的新型人格权益保护需求，充分体现了新形势下法律对人尊严的维护。

可以说，法律作为维护社会秩序、保障公民权利与自由的基石，扮演着不可或缺的角色。它不仅是社会稳定的调节器，也是每个人尊严得以实现的坚固盾牌。

依法延长人身安全保护令
——为弱势群体撑起维权"法律保护伞"[1]

被申请人张某与申请人李某在结婚后经常因琐事争吵，张某多次对李某大打出手。2022 年双方离婚，但被申请人张某变本加厉，多次骚扰、殴打申请人李某，到李某住处吵闹、纠缠，并进行言语威胁；在李某所在社区群聊中发布辱骂李某的言语；向李某本人及其亲属、朋友发短信、微信、打电话辱骂、威胁。2023 年 10 月法院依申请签发了人身安全保护令，禁止被申请人对申请人实施骚扰、跟踪、接触申请人及其相关近亲属的行为，禁止被申请人在距离申请人

---

〔1〕《依法延长人身安全保护令　为弱势群体撑起维权"法律保护伞"》，载 http://www.tjhbcaw. gov. cn/detail. html？id=16816164076092416，最后访问日期：2024 年 9 月 12 日。

的住所及住所附近 200 米内从事可能影响申请人生活、工作的活动，保护令有效期为 6 个月。人身保护令存续期间，被申请人张某收敛了自己的暴力行为，但仍存在通过短信骚扰申请人李某的事实，给李某造成了极大的困扰，故李某向法院申请延长人身安全保护令。

法院判决裁定延长禁止被申请人对申请人实施骚扰、跟踪、接触申请人及其相关近亲属的行为；延长禁止被申请人在距离申请人的住所及住所附近 200 米内从事可能影响申请人生活、工作的活动，延长期限为 6 个月。

《反家庭暴力法》第 27 条、第 28 条、第 29 条、第 30 条均对人身安全保护令进行了规定，其中第 30 条明确规定，人身安全保护令的有效期不超过 6 个月，自作出之日起生效。人身安全保护令失效前，人民法院可以根据申请人的申请撤销、变更或者延长。

以上案例是天津市河北区人民法院作出的首例延长人身安全保护令的民事裁定，也是针对离异人员发出延长人身安全保护令的典型案例。对"家暴"零容忍，是社会共识，更是司法的态度。国家禁止任何形式的家庭暴力，这种延长人身安全保护令的做法不仅有力保护了弱势群体的合法权益，还彰显了以新时代司法理念对妇女人身权益的全面保障，使社会主义核心价值观在具体司法案例中得到充分体现，使遭受家庭暴力的申请人敢于向违法行为说"不"，真正起到了为妇女维权、为社会弱势群体撑起"法律保护伞"的作用。

这种对人民需求和社会经济发展的积极回应，彰显了我国以人为本的立法宗旨，也体现出以人民为中心的发展思想。习近平总书记在党的二十大报告中指出："坚持以人民为中心的发展思想。维护人民根本利益，增进民生福祉，不断实现发展为了人民、发展依靠人民、发展成果由人民共享，让现代化建设成果更多更公平惠及全体人民。"可以说，法律以其独特的力量，为我们构建了一个有序、公正、自由的社会环境，让每个人都能在其中活得更有尊严。它不但是社会秩序的守护者，而且是个人权利与自由的捍卫者。在未来的日子里，我们应当更加珍视并维护法律的权威与尊严，让法律的光芒照亮我们前行的道路，共同创造一个更加美好、更加有尊严的社会。

罪犯的权利和义务

法律不仅捍卫每个公民的权利与自由，让尊严得以维护，对罪犯的权利同样给予了一定的规定和保障。但因罪犯特殊的身份和状态，其权利与普通公民相比呈现出不完整性和特殊性，同时因罪犯人身不自由的状态导致其部分权利的实现往往受到客观条件限制，基本处于停滞状态。

罪犯的基本权利[1]：罪犯有人格不受侮辱、人身安全和合法财产不受侵犯的权利；罪犯有辩护、申诉、控告和检举的权利；未被剥夺政治权利的罪犯，有选举的权利；罪犯有维护身体健康，有病得到诊治的权利；罪犯有按规定通信、会见的权利；罪犯有依法获得行政和刑事奖励的权利；罪犯有刑满依法获得按期释放的权利；罪犯有法律未剥夺或限制的其他权利。

我国在法律上依法依规严格保证罪犯的各项基本权利，依法保障罪犯的人格尊严权、生命健康权等，并保护其权利不受非法侵害。这是我国人道主义的体现，也是希望罪犯能够洗心革面、早日回归社会的殷切期待。那么罪犯在享有基本权利，改造自身的同时，应承担基本的义务。

罪犯的基本义务[2]：罪犯在监狱必须接受惩罚和改造，严格遵守法律、法规和监规纪律，服从管理，接受教育，参加劳动。罪犯在监狱

---

[1]《罪犯的基本权利和义务》，载 https://jyj.beijing.gov.cn/ywgknew/201912/t20191211_1070500.html，最后访问日期：2024 年 9 月 12 日。

[2]《罪犯的基本权利和义务》，载 https://jyj.beijing.gov.cn/ywgknew/201912/t20191211_1070500.html，最后访问日期：2024 年 9 月 12 日。

服刑期间，有遵守国家法律法规的义务；罪犯有遵守监规纪律的义务；罪犯有服从监狱人民警察依法管理的义务；有劳动能力的罪犯，有参加劳动的义务；罪犯有接受思想、文化和技术教育的义务；罪犯有爱护国家财产，保护公共设施的义务；罪犯有维护正常改造秩序，自觉接受改造的义务；罪犯有检举违法犯罪活动的义务；罪犯有法律法规规定的其他义务。

思考题

1. 在服刑期间你若无故被同宿舍的罪犯侮辱、谩骂，正确的处理方式是什么？

2. 了解了这么多案例对你有什么启发？

3. 面对侵害如何用法律武器保护自己？

推荐书目

1.《小案件大道理》，最高人民法院新闻局编，人民法院出版社2023年版。

2.《中华诚信故事》，单孝虹编著，四川人民出版社2012年版。

推荐电影

1.《守望正义》（2014年），高进军执导。

2.《巨额来电》（2017年），彭顺执导。

第四篇

文化

文化，有广义和狭义之分。广义的文化，是指人类在社会历史发展过程中所创造的物质和精神财富的总和。如文人墨客在名山大川上题诗是一种文化。狭义的文化，是指意识形态所创造的精神财富，包括宗教、信仰、风俗习惯、道德情操、学术思想、文学艺术、科学技术、各种制度等。我国传统法律文化有哪些特点？传统文化与现代法律制度是否存在冲突？我国当代文化的发展又给法律发展带来了怎样的机遇与挑战？

【阅读提示】

1. 理解我国传统法律文化的特点。
2. 探讨传统文化与现代法律制度的冲突与融合。
3. 分析我国当代文化对法律发展的机遇与挑战。

第一节　礼法合一

失礼之禁，著在刑书。

——李世民

　　谈到法与刑，不得不谈及我国历史上的"礼"。中国被称为"礼仪之邦"，由此可见，"礼"在我们这个具有悠久历史的国家中具有多么重要的地位。据记载，夏、商时代就有"礼"的规范，到周朝"礼"已经比较完善了。当然，我们通常所说的"礼"，主要是指孔子及儒家所倡导的礼仪规范。但"礼"和"法"自始就是合一的吗？其实不然。在春秋后期，礼崩乐坏，传统的"礼"已经不能调整社会生活。思想家们探索了两条完全不同的救世之路：法家抛弃"过时"的礼乐秩序，企图重建"刑政"的秩序体系；儒家则试图对"礼"进行革新，在"礼"的范围内复古社会秩序。秦始皇时期的"焚书坑儒"，以严刑峻法控制社会的各个领域，其暴政导致秦朝只存在了短短的14年。自汉代以来，儒家思想逐渐占据统治地位。

春秋决狱[1]

　　春秋决狱又称"经义决狱"，是西汉中期儒家代表人物董仲舒提出来的，是一种审判案件的推理判断方式，典型地说明了包括礼在内的儒家思想对司法的渗透和影响。其意思就是用孔子的思想来对犯罪事实进行分析、定罪。即除了用法律，可以用《易》《诗》《书》《礼》《乐》《春秋》六经中的思想来作为判决案件的依据。《春秋》是孔子修订的

---

　　[1]　王瑾：《汉朝的"春秋决狱"对中国司法制度的影响》，载《公民与法（综合版）》2023年第9期。

一部鲁国的编年史。与董仲舒有关的断狱案例还曾被汇编成十卷的《春秋决事比》，在两汉的司法实践中经常被引用。至今，原来的案例遗失很多，现存史料中记载了少量案例，现引用一起：

甲没有儿子，捡了个弃婴，作为养子乙。乙长大后杀了人，甲把乙藏起来。如果按照当时法律，藏匿犯人要受重刑。但《春秋》上提倡父子一方犯罪后可以互相隐藏。董仲舒认为他们是父子关系，所以甲不能判罪。后来，唐律明确规定了父子相互隐匿不属犯罪。

在汉代还没有真正实现礼法合一。但包含"礼"在内的儒家思想已经不是单纯的道德约束，而是逐渐上升为国家规范。很多关于礼的内容和要求上升为法律条款，也就有了汉代的"引礼入法"，而真正意义上的礼法合一，当属唐代。唐朝的立法，在我国历史上具有重要地位。唐律是秦汉以来立法的集大成者，标志着中华法系的形成。而礼法合一、一准乎礼则是唐律的重要特点。

唐朝是我国历史上一个繁荣昌盛的封建王朝，《唐律疏议》是唐代长孙无忌等人奉唐高宗的诏令编纂，经过多次修改而成的，也是我国古代现存最早、最完备的一部法典。它体系完备，包罗广泛，上集战国、秦、汉、魏晋南北朝及隋代法制之大成，下开宋、元、明、清立法之风气，其影响曾覆盖整个东亚，被称为"东方罗马法"。《唐律疏议》在《名例律》中开宗明义地指出："德礼为政教之本，刑罚为政教之用。"在其制定者看来，"德礼"是政治教化的根本，而"刑罚"是政治教化的手段。"德礼"的主要内容就是宗法伦理，《唐律疏议》用法律来维护宗法伦理，并用刑罚处罚种种违礼的行为，从而真正实现礼刑并用，礼法合一。

儒家思想及礼的基本精神，成为立法的理论基础，一系列礼仪规范通过法律予以固定，具有了法律的强制约束力，由此，无礼、违礼不仅是一个道德层面的问题，还是一个违法甚至犯罪层面的法律问题。由于儒家思想在历朝历代的主导地位，使这些礼在古代社会渗透到国家管理及社会生活的各个层面、各个领域，可谓无所不在，从国家管理、平民生活到个人修为，都有一套完整、系统甚至庞大的礼作为约束和规范。《中庸》说道，"礼仪三百，威仪三千"。可见礼的系统性、繁琐性。作为社会的个人，必须知礼、识礼、尊礼、守礼，所谓"不学礼，无以立"。

《唐律疏议》中因亲属身份而致刑之加减的情形[1]

儒家伦理学说的核心在于一个"别"字，即强调尊卑、亲疏、长幼、贵贱、上下、男女之别。唐律"一准乎礼"，维护家族和谐与伦常是唐律的核心任务，故判断某一行为是否构成犯罪以及如何处罚，先需得明了行为人与被害人具有何种亲属关系，再依律加减其刑。某一行为，身份不同，罪与非罪迥异，罚轻罚重不同，犯罪情状万千，故加减处罚极为复杂，然而在一部《唐律疏议》中，条分缕析，罪与非罪，应轻应重，错落有致，极为分明。某行为因亲属身份而致刑之加减，是指该行为在一般常人间也属犯罪，现因行为人与被害人间的特殊亲属关系而致与常人不同之处罚。

在《唐律疏议》中，亲属犯罪（含亲属相犯与亲属共犯）处罚的原则是：侵害人身犯，尊长犯卑幼，减轻直至勿论；卑幼犯尊长，则依次加重处罚；侵害财产犯，不罚或减轻。亲属相婚或相奸，原则上彼此同罚。亲属共犯侵害国家利益时，原则上只罚尊长；侵害个人（指被害人为凡人）利益时，原则上仍分首从罚之。仅就亲属间相犯，其一般原则是，亲属关系越亲，尊长卑幼相犯之加减等数之差度越悬殊。

唐代统治者采用礼法合一的封建伦理法，在立法过程中，既考虑不同阶层，又考虑不同的亲疏、尊卑，一定程度上缓和了社会矛盾，有利于社会的稳定和生产力的发展。那么在现代社会，"礼"和"法"之间

---

〔1〕 谢淑芬、曹旅宁：《从〈唐律疏议〉看中国古代的亲属相犯异罚》，载《鲁东大学学报（哲学社会科学版）》2014年第2期。

应该是一种什么关系？是延续之前的"礼法合一"，还是实行"礼法分离"，或者是"礼法之间的逐渐融合"？不同学者对此有不同的理解。但是我们认为，在提出依法治国、建设社会主义法治国家的今天，法律为社会主体的行为画了一个最低线，在一定程度上维护了社会的基本稳定，保障人们合法权益的最终实现。但是，理论是抽象的，而生活之树常青。当生活中有些行为是法律所不能控制或不能完全控制的时候，"礼"就应当发挥其作用，依靠亲情教化或人们的道德准则去发挥作用，"礼法融合"将越来越成为一种趋势。

思考题

1. 中国"礼法关系"对现当代法律制度的影响是什么？

2. "礼法融合"在中国古代法律思想中的演变及其对社会治理的影响是什么？

第二节 传统文化与现代法律

法者，天下之程式也，万事之仪表也。

——《管子·明法解》

时代在发展，社会在进步，我们的传统思想必然要随着历史的潮流与时俱进。对于传统文化，也需要取其精华、去其糟粕，适时地吸纳现代元素，让传统文化在现代土壤中开出更加绚丽的花朵，恰是辩证而理性地传承传统文化的正确选择。正确认识传统文化与现代法律的冲突问题，是把五千年中华文明在法制领域发扬光大，推进依法治国基本方略的前提性命题。

拒绝恶俗婚闹，净化婚礼习俗[1]

2020年5月4日，于某志、张某艳二人举行结婚仪式，找逯某鑫做伴娘。马某辉、于某轩、李某庆、王某林、杨某增、程某虎受于某志之邀跟随婚礼车队去接新娘及从事婚礼当天需要帮助的事情。结婚典礼结束后，按照农村习俗，有婚闹的陋习，在婚闹过程中，逯某鑫被被告马某辉、于某轩等人摔伤，导致腰椎骨折住院治疗。法院判定，本案中被告马某辉、于某轩、李某庆、王某林、杨某增、程某虎在闹伴娘时理应预见该种行为会对伴娘造成一定的人身伤害，但仍

---

〔1〕 参见山东省莘县人民法院（2021）鲁1522民初645号民事判决书。

然实施婚闹行为，导致原告受伤，应承担相应的赔偿责任。

"闹婚"是办婚礼的传统习俗，源于"越闹越喜"的思想观念。但近年来，无论是城市还是农村，恶俗"婚闹"现象越来越多、越来越变味、越来越不堪入目，令原本美好的婚礼成为不少当事人的噩梦，甚至因此酿成悲剧。这种恶俗"婚闹"无疑是传统文化的糟粕与现代法律冲突的一个极端事件，在日常生活中，我国传统文化与现代法律理念也时常发生冲突。其一，我国传统文化"重礼轻法""重德轻刑"，与现代法律至上观念相冲突。其二，我国传统法律文化中强调森严的等级观念，与现代法治中强调平等的观念相冲突。其三，"人治"高于"法治"的法律文化传统与现代法治理念相冲突。其四，我国传统文化中的"和为贵""忍为上"的厌讼心理与现代法治中诉讼意识相冲突。其五，我国传统文化中的"重义轻利"与现代法治中权利义务观念相冲突。

但是，我国传统文化与现代法律之间是否总像我们认为的那样，呈现出一种紧张而不可调和的状态呢？

我国自古有亲亲相隐的制度，对家庭亲缘关系给予了高度重视，孔子早在两千多年前就明确说过：父为子隐，子为父隐，直在其中矣；清末《大清刑事诉讼律草案》也确立了"不得强迫亲属作证"，将亲属间免于作证作为一项权利。[1]确立近亲属拒绝作证权有利于构建和谐稳定的家庭关系，从而为构建和谐稳定的社会关系奠定牢固的基础。亲情是人类最珍贵的情感，家庭关系是人类最重要的社会关系。只有亲人之间相互信赖，家庭关系才能和谐融洽。假如法律强迫近亲属之间相互指证、相互揭发，就必然导致夫妻反目，父子成仇，动摇了社会和谐的基础。况且，法律强迫近亲属之间相互指证、相互揭发，违反了人的本性，必然遭到人们内心的排斥和抵制，实施的实际效果也必然大打折

---

〔1〕 叶扬：《从拒证权到免证权：亲属作证的"自我选择"及其完善》，载《江西社会科学》2017 年第 12 期。

扣。一项法律规定如果由于缺乏社会基础而成为一纸空文，必然会损害法律的尊严，《刑事诉讼法》在强制证人出庭条款中对被告人的配偶、父母、子女进行了例外性规定："经人民法院通知，证人没有正当理由不出庭作证的，人民法院可以强制其到庭，但是被告人的配偶、父母、子女除外。"从立法上看，这是回归社会伦理的一大进步，彰显了对人文道德的尊重，不但是我国法律人性化的回归，而且符合法律自身发展变化的规律。

《刑事诉讼法》历经 3 次修正坚持 "以人为本"

《刑事诉讼法》从 1979 年产生、1980 年正式实施到 2018 年进行第三次修正，至今实施已历经 40 多年，其根本哲理就是以人权保障为核心的 "以人为本" 哲学理论。我国古代的 "以人为本" 思想在存留养亲制度、亲亲相隐制度中均有所体现，在古代刑法思想中得到充分体现，并对当今刑法制度产生了重要影响。现如今，在司法实践中，检察机关坚持以人民为中心，积极推进认罪认罚从宽制度落实、贯彻少捕慎诉慎押刑事司法政策，传承古代 "慎刑观""恤刑观" 理念，是新时代秉持 "以人为本" 思想的重要体现。[1]刑事诉讼法就是小宪法，《刑事诉讼法》就是实践中的《宪法》的应用法，以人权保障为核心的 "以人为本" 的理念是其存在与发展的根基。特别要指出的是我国《刑事诉讼法》的最基本的中国特色，就是我们党的 "以人民为中心" 的指导原则在诉讼中的应用。《刑事诉讼法》的 40 年，告诉我们坚持 "以人民为中心"，坚持 "人权保障原则"，坚持 "人本主义" 的哲学理念永远不能动摇。[2]

---

〔1〕 姚万勤：《传统 "以人为本" 刑法观蕴含丰富理念价值》，载《检察日报》2023 年 2 月 21 日，第 3 版。

〔2〕 樊崇义：《我国刑诉法实施四十周年历史回顾与理论前瞻》，载《检察日报》2020 年 11 月 5 日，第 3 版。

我们有自己的历史文化传统，也有自己长期积累的经验和优势。除了上文说的"亲亲相隐"制度，还有像"出礼入刑、隆礼重法"的治国策略，"民惟邦本、本固邦宁"的民本理念，"天下无讼、以和为贵"的价值追求，"德主刑辅、明德慎罚"的慎刑思想，"援法断罪、罚当其罪"的平等观念，"保护鳏寡孤独、老幼妇残"的恤刑原则等，这些原则和制度减轻了刑罚的残酷性，对缓和社会矛盾、推动国家稳定发展起到了重要作用，均彰显了中华优秀传统法律文化的智慧。到了现代，这些优秀传统法律文化也成为现代中国特色社会主义法治建设的本土资源。自中华人民共和国成立以来，我国刑事政策从"镇压和宽大相结合"到"惩办与宽大相结合"再到今天"宽严相济"的演进，都体现了对传统法律文化中慎刑思想的传承。而古代"明德慎罚"的法律思想中彰显的尊重、保护权益的基本原则，也在现代法律"尊重和保障人权"中得到体现。2004年3月，第十届全国人民代表大会第二次会议通过宪法修正案，正式将"国家尊重和保障人权"载入宪法，由此，"尊重和保障人权"就成为整个中国特色社会主义法治体系的基本原则。《宪法》将"公民的基本权利和义务"篇章置于国家机构篇章之前，彰显了公民权利的重要地位，为的也是强调保护人民权益。纵观我国刑法史，从我国古代各种严刑峻法的施行，到"认罪认罚从宽制度""少捕慎诉慎押"等刑事司法政策的推出，实际上是优秀传统文化在现代法律中得以传承和发展的体现，更是"以人为本、让群众在每一个案件中感受公平正义"的政治要求在司法实践的落实举措。

康买得救父杀人案 [1]

《旧唐书》中曾记载一则"康买得杀人救父案"。有一位名叫康宪的人曾借钱给京兆府云阳县人张莅，可是张莅借了钱之后久久不肯归

---

〔1〕《康买得救父杀人案中的礼与法》，载 http://sft.qinghai.gov.cn/pub/qhpfw/fzwh/fzgs/202001/t20200114_22975.html，最后访问日期：2024 年 9 月 14 日。

还。这一天，康宪便带着 14 岁的儿子康买得上门讨债。没想到张莅刚喝醉了酒，不但不肯还钱还与康宪发生了争执，紧接着就厮打在了一起。张莅趁酒劲将康宪咽喉扼住，眼看康宪就要窒息。站在旁边的康买得见张莅力气大，而父亲的情况又十分危险，于是他就拿起一把铁锹猛击张莅的头部。张莅的头被铁锹重击后流血不止，父亲康宪因此得救。但是张莅因为伤重，三天后不治身亡了。当时的法律规定，如果父亲被人殴打，儿子前往救助，那么若打伤了对方则应该依照斗殴的规定减轻三等论处，若造成了死亡的后果则不能减轻责任。按照这样的规定，康买得就应该依斗杀之罪被判处死刑。案件上报刑部之后，主审此案的刑部侍郎孙革认为年仅 14 岁的康买得能够勇敢解救自己的父亲实在孝勇可嘉，因此报奏皇帝请求对康买得进行宽大处理。孙革为康买得救父的行为提出了三点减刑的理由：其一，康买得年仅 14 岁，而伤害其父的张莅力气过人，在此危急关头，康买得以铁锹猛击张莅头部行为实在是救父心切的无奈之举；其二，康买得的主观心理是救父心切，非暴非凶，主观恶性不大，情有可原；其三，康买得年纪虽幼但懂得救护父亲的道理，难能可贵，因此"虽杀人当死，而为父可哀"。正是出于以上理由，孙革请求皇帝法外开恩，对康买得"减死罪一等"处罚。孙革的建议可谓情法兼备，不仅不愧于法理，而且能够从人情与事理中寻找礼与法的平衡。最终由皇帝对康买得的救父之举进行宽宥。

"情法相平，情罪平允"，这个故事中刑部侍郎孙革努力在情与法之间寻找平衡，可以看出传统中国注重"情、理、法"衡平的断案方式，强调"人情、法理两得其平"，这也是我国法文化中长期积淀的传统。在现代法治社会，情理仍然是处理人与人、人与自然之间关系的最基本行为规则和伦理要求。然而，在现代法律中，法律是国家制定的强制性规范，是情理的集中体现，但不是情理的全部。当法律与情理在具体案件中发生冲突时，应当坚持严格依法裁判，同时兼顾情理，尽可能做到"情理法"相统一，而不是法外用情、法外说情。换言之，情理可以作为裁判依据之外的说理素材，用以增强裁判的人性和温情，但法律必须是最高的裁判依据，这也是现代法律在继承传统文化的基础上的完善与发展，以更好地维护社会稳定，实现公平正义。

清末主持变法修律的大臣沈家本说："新学往往自旧学推演而出，事变愈多，法理愈密，然大要总不外'情理'二字。"当下，像"于欢案""医生电梯内劝阻吸烟案""无锡胚胎案""惠州许霆案"等，越来越多热点案件的审判，既体现法律尺度，又体现司法温度，实现法理情有机融合，成为全民共享的法治公开课。时过境迁，古今文化之间不仅法律制度发生了巨大变革，社会的伦理关系、价值观念也发生了根本性变化。然而不变的是，法律永远是社会价值观念的凝聚和集中体现，只要是顺应基本人性和人伦情感的法律和判决，就能得到人们的自觉接受和遵守。

故而，从上文几个案例中我们不难看出，传统文化与现代法律之间并不完全呈现出一种对立关系，传统文化中已经为现代法律社会所接受的部分，很有可能影响现代法律理念，甚至成为现代法律制度的一部分。传统绝不意味着腐朽、保守，传统是历史和文化的积淀，它只能更新不能被铲除，失去了传统就是失去了民族文化的特点。我们在进行现代化法治建设中，必须从固有文化传统中，科学总结和吸收有价值的因素。经验表明，越是对传统进行深刻反思，越能彻底且精确地取其精华、去其糟粕，从而建立具有新时代特征的中华法系。

思考题

1. 传统法律文化与现代法律制度是否存在冲突？

2. 如何在现代法律体系中融入传统文化元素，以实现法律与文化的和谐共生？

第三节　文化是把双刃剑

　　祸兮，福之所倚；福兮，祸之所伏。

　　　　　　　　　　　　　　　　　——《道德经》

　　文化是一个国家的灵魂，是一个民族的精神命脉。文化作为人类知识、信仰、伦理、法律、风俗习惯等的总和，时刻都在影响人们生活、工作的行为方式和思想观念。而文化也是不断发展的，它随着时间、地区、民族、行业、职业等的变化而变化。马克思主义关于社会基本矛盾及其推动社会发展的理论认为，社会基本矛盾运动是推动人类社会发展的根本动力，而生产力的发展则是社会基本矛盾运动的原动力，是决定人类社会发展的深层动因，具有永恒的进步性。随着我国生产力发展水平的进一步提高，民众物质生活得到极大丰富，我国文化也进入了一个蓬勃发展的时期。从传承发展优秀传统文化到繁荣发展社会主义文艺，从构建现代公共文化服务体系到深化群众性精神文明创建活动，一些积极的、优秀的、先进的文化在守正创新中取得历史性成就、发生历史性变革，为人民群众提供了昂扬向上、多姿多彩的精神食粮，使我国社会文明程度不断提高，公共文化服务水平持续提升，现代文化产业体系日益健全，为新时代坚持和发展中国特色社会主义、开创党和国家事业全新局面提供了强大正能量。但正因为当下文化的高速发展，也会产生一些如文化冲突、文化霸权、过度追求文化产品的商业价值和娱乐效果，而导致文化产品的低俗化、同质化的文化消费主义现象，从而削弱文化的精神内涵和社会价值，不仅对人们的思想观念和行为方式产生负面影响，也给社会、法律带来了多方面的影响。

网络侮辱严重危害社会秩序

——吕某某侮辱案[1]

2020年10月，被害人李某（系化名）通过QQ聊天认识被告人吕某某，后双方确定恋爱关系。其间，吕某某向李某索要裸体照片和视频，并将视频截图保存。2021年7月，双方分手。后吕某某心生报复之念，于2021年8月至2023年6月，通过微信、QQ、短信等方式，多次发送李某的裸体照片及视频。其中，四个微信群成员在300人以上，最多的达500人，部分图片、视频配以"有谁认识这个垃圾"等侮辱性文字。吕某某还向李某的亲友和同学发送李某的裸体照片及视频。2021年10月3日，甘肃省民乐县某派出所民警向吕某某发出传唤证，并多次电话通知其到案，吕某某拒不到案。甘肃省民乐县人民检察院以侮辱罪对吕某某提起公诉。

宋某诉广州某计算机系统有限公司、叶某网络侵权责任纠纷案[2]

——网络主播引导、放任网络用户侵害

他人名誉权的处理

宋某是某网络游戏玩家，叶某是该网络游戏主播，粉丝数逾30万。广州某计算机系统有限公司是游戏直播平台运营者。2022年4月某日晚，叶某以"全网爆料""全服吃瓜"方式发布直播，吸引不特定网络

---

〔1〕 参见甘肃省民乐县人民法院（2023）甘0722刑初132号刑事判决书。
〔2〕 参见广东省广州市中级人民法院（2022）粤01民终21935号民事判决书。

用户观看及讨论宋某与游戏玩家间的纠纷。在叶某的引导下，直播间内出现大量侮辱、谩骂宋某的弹幕评论，叶某对此未加以提醒和制止。宋某多次就上述直播回放向平台致电举报。2022 年 5 月，平台删除被诉直播回放。宋某起诉后，叶某还将载有宋某身份信息的诉讼文书违法向他人提供，致使宋某持续遭受人身攻击。

正如任何事物都有两面性，网络文化内容丰富，但是良莠不齐，是不同意识形态、文化观念、道德理念和生活方式激烈斗争的阵地，其中既有积极向上的"红色"信息，也有虚假颓废的"灰色"信息，还有低级庸俗的"黄色"信息，更有蛊惑有害的"黑色"信息。网络文化就像一把"双刃剑"，我们在享受它所带来的好处的同时，难免为其所伤。

除此之外，网络中的犯罪活动也呈现出越来越多的形式，如非法侵入他人计算机系统，盗取他人资料并传播；又如，利用计算机网络实行金融诈骗、洗钱、侮辱诽谤等。我国虽然制定了很多关于规范和管理网络文化及信息安全的法律法规，如《互联网文化管理暂行规定》《网络安全法》《数据安全法》《个人信息保护法》《关键信息基础设施安全保护条例》《关于加强网络文明建设的意见》等，这些法律法规对维护网络安全、营造积极向上的网络文化环境起到了规范和保障作用，但是这些现行的法律法规由于存在相对滞后性等薄弱点，难以做到面面俱到。[1]因此，面对当前网络文化的管理，需要与时俱进，不断完善相

---

〔1〕 张雯婕：《当前我国网络文化建设存在的问题及对策研究》，载《文化创新比较研究》2024 年第 10 期。

关的法律法规及监管体系，不断提升法律法规的覆盖面。

近年来，随着"饭圈"经济的发展，以追星为核心特征的"饭圈文化"正在社会上兴起，成为一种流行的青年亚文化。"饭圈文化"源于粉丝群体，这种文化通过粉丝对偶像的情感投入、宣传支持和流量转化，逐渐形成了一套固定的语言、行为模式和思维方式，属于一种独特的群体亚文化。当下，"饭圈文化"的负面影响日益加剧，如其扭曲的发展和群体行为的失序甚至诱发了新型诈骗犯罪，这些现象对青少年的成长构成威胁，引发了社会的广泛关注。

诈骗 300 万余元！"饭圈大粉" 靠什么收割"小粉丝"真金白银？[1]

2022 年年底，21 岁的吴某迷上了韩国某明星团体，不仅追看演唱会，还跟着偶像四处拍照、接机。在追星路上，吴某通过微博和线下活动结识了不少和她一样的追星族。大家互加微信后，建立了微信群一同追星。由于追星期间的演唱会门票、周边产品费用以及住宿、交通等花销较大，没有工作的吴某渐渐动了歪心思。

"我认识内部人员，可以买到价格便宜、位置好的演唱会门票。"2023 年 5 月，她在共同追星的粉丝微信群里，谎称自己有特殊渠道，开始了第一波操作。接到粉丝订单后，并没有低价购买门票能力的吴某找到"黄牛"，高价购买演唱会门票，再以低价卖给粉丝。这番操作后，拿到门票的粉丝对吴某深信不疑。此后，越来越多的"小粉头"和粉丝主动来找吴某咨询票务和周边产品购买事宜。吴某获得了大量粉丝信任后，开始实施诈骗。她把拼团门票与周边产品链接发到粉丝微信群里，以远低于市场价的定价吸引粉丝购买，并通过微信和支付宝将粉丝支付的钱直接转入自己的账户。

---

〔1〕《诈骗 300 万余元！"饭圈大粉"靠什么收割"小粉丝"真金白银？》，载 https://www.thepaper.cn/newsDetail_ forward_ 28456633，最后访问日期：2024 年 9 月 14 日。

获取钱财后，吴某购买少量门票和周边产品来应付粉丝，而将剩余的大部分钱款尽数用于个人追星。对于没有拿到门票和周边产品、开始不停催单的粉丝，吴某先以"物流慢""内部渠道要等待"等理由拖延，遇到态度强硬或维权意识较强的粉丝，吴某便"拆东墙补西墙"，用新骗得的钱款购买部分门票和周边产品来还"旧债"，再以同样的理由继续诈骗其他粉丝。经梳理，本案被害人38名，其中27名是00后，11名是大学生，2名是高中生，诈骗金额300万余元。近日，经检方提起公诉，法院以诈骗罪判处吴某11年6个月，并处罚金15万元。由于吴某已将诈骗钱款用于追星挥霍，被害人的经济损失目前仍难以追回。

近年来，"饭圈文化"以其独特的社交形态和狂热的粉丝经济，吸引了大量青少年乃至成年人参与其中。这一起"饭圈大粉"诈骗案，犹如一面镜子，映射出"饭圈文化"背后隐藏的法律风险与道德困境。在当代的"饭圈"中存在一种普遍的观念，即通过应援活动展现对偶像的忠诚和真挚情感。也正是基于这一种畸形的文化观念，使"饭圈文化"一度成为一种制度化的产业。在这一产业链中，某些粉丝群体的领头人利用集资名义骗取巨额资金，将无数粉丝卷入一个以集资、打榜、投票为核心的资本陷阱中，正如这起案件中，吴某利用了"饭圈"所独有的封闭性、狂热性和群体效应的特点，为其实施诈骗提供了"理想"的犯罪环境。一方面，"饭圈"内部信息传播具有封闭性，粉丝往往对"大粉"的权威深信不疑，缺乏与外部信息的核实和比对。另一方面，粉丝对于偶像及其相关产品的极度热情，使他们容易被低价诱惑蒙蔽双眼，忽视交易风险。吴某正是利用"饭圈"这一特性，精准锁定缺乏社会经验和法律意识的年轻粉丝群体，实施诈骗。

可以说，"饭圈文化"作为一种典型的现代流行文化现象，在特定群体中产生了一种几乎是仪式性的忠诚度，引导部分年轻人陷入一种逻辑上的循环困境，难以自我解脱。这也警示我们，法治观念在"饭圈文化"中的缺失亟待填补。面对"饭圈"诈骗，既要强化法律监管，打击犯罪行为，也要提升公众特别是青少年的法律意识与自我保护能力，让法治成为守护"饭圈"健康发展的基石。在"饭圈文化"盛行的时代背景下，如何平衡粉丝的热情与理智，如何在尊重个体追星自由的同时，构建起有效的法律防线，防止类似诈骗案件的发生，是我们必须直面的挑战。唯有法治精神深入人心，才能驱散"饭圈"中的阴影，让追星之路回归理性，让青春不再因盲目而受伤。从而减轻"饭圈文化"带来的负面影响，引导年轻群体们形成更为健康向上的人生观和价值取向。

一个国家、一个民族的强盛，总是以文化兴盛为支撑的。而文化在灿烂的发展过程中也衍生出一些与传统主流文化相悖的小众亚文化，诸如"饭圈文化""佛系躺平文化""丧文化""恶搞文化""消费主义文化"等。亚文化作为当下社会部分人群的精神抚慰方式，有其产生的土壤，但在互联网和市场化背景下，一些新兴传媒平台和逐利资本会利用这种"夸张性"吸引眼球、带入流量、获得回报。商业动机使得一些亚文化从根本上背离其本身的"合理性"。但在互联网和市场化背景下，一些新兴传媒平台和逐利资本会利用这种"夸张性"吸引眼球、带入流量、获得回报。商业动机使得一些亚文化逐渐偏离了正轨。当下，部分低俗网络直播、低俗网红现象、明星丑闻、粉丝偏激行为，反映的就是这种商业动机对亚文化的放大和扭曲，甚至有些不法分子利用亚文化"钻空子"实施违法犯罪行为。所以，我们在享受文化带来的丰富和美好时，也要时刻保持警惕和清醒的头脑，加强法律意识，以正确应对和处理文化带来的挑战和问题。

思考题

1. 现在网络十分发达，在享受网络带来的便利时，还存在哪些挑战？

2. 如何正确认识"饭圈文化"？

第四节 法律护航下的文化繁荣

> 文化繁荣是一个国家真正富有的标志。
> ——维克多·雨果

文化是民族生存和发展的重要力量。人类社会每一次跃进，人类文明每一次升华，无不伴随着文化的历史性进步。中华民族有着五千多年的文明史，在几千年的历史流变中，中华民族从来不是一帆风顺的，遇到了无数艰难困苦，但我们都挺过来、走过来了，其中一个很重要的原因就是世世代代的中华儿女培育和发展了独具特色、博大精深的中华文化，为中华民族克服困难、生生不息提供了强大的精神支撑。而文化的繁荣发展同样关乎国本、国运。为此，我们必须增强文化自信，推动各项文化创造性转化、创新性发展，为社会主义现代化强国建设筑牢文化根基，为经济社会可持续发展提供文化滋养。而随着我国全面依法治国的深入推进，以法治方式引领、推动、保障社会主义文化繁荣兴盛，成为法治中国建设的一项重要内容，成为新时代社会主义文化建设的一个鲜明特征。在这一过程中，通过法律武器明确价值导向、确认法治成果、提升社会文明程度，通过法治力量保障和扩大人民群众的文化权益、激发全民族文化创新创造活力，以此在法治轨道上发展社会主义先进文化、弘扬革命文化、传承中华优秀传统文化，有效解决制约文化传承发展的短板和问题，不断满足人民群众日益增长的精神文化需求，为社会主义文化新辉煌提供有力的法治保障，无疑是最好的时代课题。

法律作为调整社会关系的准绳，维护公平正义的重要工具，是时代发展的产物，指导实践也为时代所检验。新时代中我国文化立法工作快速推进，文化法律制度体系日趋完善。2015 年通过了《国家勋章和国家荣誉称号法》，2016 年通过了《电影产业促进法》《网络安全法》

《公共文化服务保障法》，2017年通过了《公共图书馆法》，2018年通过了《英雄烈士保护法》，2023年通过了《爱国主义教育法》。此外，还修改了档案法、著作权法、旅游法等。同时，在精神文明建设、文化艺术发展、公共文化服务保障、文化产业促进、文化遗产保护等方面，制定了一批行政法规、印发了部门规章，许多地方结合实际出台了大量地方性法规和政府规章。真正做到了用法律明确价值导向，为文化及各项文化产业保驾护航，引导人们发展社会主义先进文化、弘扬革命文化、传承中华优秀传统文化，依法捍卫社会主义核心价值体系，塑造法安天下、德润人心、以文化人的良好法治环境。

马某未经审批擅自修缮房屋损毁文物案[1]

北京市某住宅65号院产权系北京某公司所有，被告人马某在院内一房屋租住。2019年3月，马某曾就房屋修缮问题向公司反映，并被告知因房屋属于国家文物不能擅自施工，需上报审批。后马某在未经文物部门审批许可的情况下，擅自雇请个人施工队私自动工，将该住宅四进院北房东配房房顶及三面墙体拆除，造成房屋大面积损毁。经查，马某承租房屋所处住宅于1988年1月13日被国务院确定为第三批全国重点文物保护单位，经北京市古代建筑研究所鉴定，被毁损部分为文物本体，单体损毁程度为严重，对整组文物建筑群的影响程度为中度。法院认为，被告人马某明知承租房屋为全国重点文物保护单位，未经有关部门批准、未做专业防护，擅自雇请不具备资质的施工单位进行修缮致使文物本体损毁，其行为已构成故意损毁文物罪，依法应予惩处。据此，法院以故意损毁文物罪对马某定罪处罚。

文物承载灿烂文明，传承历史文化，维系民族精神，是国家和民族

---

〔1〕《一租户擅自修缮房屋损毁文物，法院判其故意损毁文物罪》，载 https://www.bjnews.com.cn/detail/1671283525169715.html，最后访问日期：2024年9月14日。

历史发展的见证，历史文化街区风貌保护与文化传承工作是北京历史文化名城保护的重点工程。而这起案件中马某未经审批就擅自施工修缮房屋，致使全国重点文物保护单位本体被损毁，其做法无疑是不尊重传统历史文物的体现，理应受到法律处罚。根据《文物保护法》的有关规定，对文物保护单位进行修缮，应当根据文物保护单位的级别报相应的文物行政部门批准；文物保护单位的修缮、迁移、重建，由取得文物保护工程资质证书的单位承担。妨害文物管理，造成文物灭失、毁损的，不仅需要承担民事责任、行政责任，构成犯罪的，还要依法追究刑事责任。文物是不可再生的文化资源，法律规定一切机关、组织和个人都有依法保护文物的义务。法院以故意损毁文物罪追究马某的刑事责任，既体现出国家严厉惩治文物犯罪的鲜明立场，也释放了呼吁公众精心保护文化遗产的强烈信号，引导社会公众树立正确的文物保护观，唤醒保护意识、激发参与热情、提升文化自信，自觉成为历史文化的保护者和践行者。

　　文化包含的内容十分丰富，从传统报刊到电子媒介，从媒体到文物保护，从有形物到无形物等，而法律如同文化的守护者，确保每一种声音都能在自由的天空下回响。在精神文化需求越来越重要的当下，各项法律制度相继出台，在保护的前提下开发红色文化资源，从法的角度助力弘扬和传承红色文化的同时，也更好地保障红色文化对青年一代的理想信念教育，丰富其精神世界并树立正确的价值导向。

李某某侵害英雄烈士名誉、荣誉案
——利用信息网络侵害英雄烈士名誉、荣誉犯罪的认定[1]

　　被告人李某某系某网络平台旅游博主。李某某在新疆维吾尔自治区某烈士陵园内踩踏刻有烈士陵园名称的石碑底座，斜倚碑身摆拍，又到某烈士墓前，面带笑容脚踩墓碑底座，用手比作"手枪"状对着烈士

---

　　〔1〕　参见新疆维吾尔自治区和田地区中级人民法院（2021）新 32 刑终 133 号刑事附带民事裁定书。

墓碑再次摆拍。同日12时许，李某某将上述照片在微信朋友圈公开发布，共计5000余名微信好友可见。因多名微信好友指出照片内容对烈士不尊重，李某某遂将该内容删除。同日14时许，李某某为获取流量关注，再次使用其个人账号"小贤Jayson"将照片发布至某网络平台，导致照片在网络上迅速传播扩散，引发社会公众强烈反应，造成恶劣影响。另查明，1965年5月，某烈士陵园建设完成。2017年6月21日，某县人民政府某烈士陵园列为县级文物保护单位。2020年6月，某战士在冲突中营救战友，壮烈牺牲，被评定为烈士，后被中央军委追记一等功。

法院生效裁判认为，李某某出于个人目的，踩踏烈士陵园石碑底座，斜倚碑身，脚踩墓碑底座，摆出不雅手势和不敬姿势拍照并两次上传网络，致使亵渎烈士相关照片在网络空间内快速扩散，引发社会公众强烈愤慨，其行为具有侮辱性，侵害了烈士的名誉和荣誉，伤害了烈士亲属及社会公众情感，损害了社会公共利益和社会道德评价秩序，造成了恶劣社会影响，情节严重，其行为已构成侵害英雄烈士名誉、荣誉罪，应依法惩处。

英雄烈士是中华民族的脊梁，英雄烈士事迹和精神是中华民族的共同历史记忆和社会主义核心价值观的重要体现，是社会公共利益的重要组成部分。故而，英烈精神不容亵渎，英烈名誉、荣誉不容侵犯，维护英烈名誉、荣誉是国家、社会和全体公民的共同责任。而侵害英雄烈士名誉、荣誉罪是《刑法修正案（十一）》新增的罪名，该修正案于2021年3月1日正式实施。这起案件的成功审理契合了从立法层面对红色文化精神的坚定保护，同时法院对于李某某的判决，有力打击了侵害英雄烈士的行为，以公正裁判树立行为规则、引领社会风尚，让遵纪守法者扬眉吐气，让违法失德者寸步难行，为积极传承红色基因提供了制度保障，强化文化引领。

习近平总书记指出："如果有了法律而不实施、束之高阁，或者实施不力、做表面文章，那制定再多法律也无济于事。"因此，仅有健全的文化法律制度体系远远不够，必须推进法律实施，把"纸上的法律"变为"行动中的法律"。在当下，除去积极完善文化立法，我国还从司法、执法等多途径依法打击防范文物犯罪，加大追捕、追诉、追缴力度，加强涉案文物追索返还工作等，实现全链条打击、一体化防治，通过司法途径促进传承中华文明、守护历史文脉，服务文化产业繁荣发展，依法平等保护各类文化经营主体，加强文化领域知识产权综合司法保护，为文化产业营造良好的法治化营商环境。

"每到重大历史关头，文化都能感国运之变化、立时代之潮头、发时代之先声，为亿万人民、为伟大祖国鼓与呼。"文化的力量之于一个国家，一个民族，甚至对我们每一个人来说，无疑都是极为重要的，所以，在法律为文化保驾护航的同时，我们每一个人也应加强自我约束、自我管理，培育守法习惯和文化，通过尊法、守法的行动，在全社会形成守法文化，以"绝知此事要躬行"的自觉，岁月扬花，且行且歌，鲜衣怒马，意气风发，携满身正气，挺民族脊梁，定义中国之美，弘扬优秀中华文化。

思考题

1. 中华文化的优越性体现在哪里？
2. 你如何用实际行动弘扬优秀中华文化？

推荐书目

1.《中国传统法律文化与现代法治研究》，严旭，四川教育出版社2018年版。
2.《法律能为文化发展繁荣做什么》，秦前红，中国政法大学出版社2015年版。

推荐电影

1.《流浪地球》（2019年），郭帆执导。
2.《暗算》（2006年），柳云龙执导。

第五篇 道德

  法律是治国之重器，法治是国家治理体系和治理能力现代化的重要依托；道德是构建和谐社会的人文基础，是一个国家和民族可持续发展的原动力。法律是规范人们行为的最低准则，是不可触碰的红线；道德是守法的基础，是人们内心信仰、社会舆论等行为规范的总和。二者在社会规范体系中各自扮演着独特的角色，相互补充、相互影响，共同维护社会和谐稳定、不断进步。在推崇个性张扬、道德观念日益多元化的今天，人们的观念受到自由主义、享乐主义、"金钱至上"论等思想的冲击，对善与恶、美与丑、荣与辱的界限辨识日益模糊，很容易在不知不觉中误入歧途。因此，我们必须将增强法治观念与加强道德修养相结合，自觉约束自身行为，不断提高警惕，才会在冲动与诱惑前止步，远离违法与犯罪。

【阅读提示】

1. 理解法律与道德在社会规范体系中的角色与关系。
2. 评估当代社会观念变化对法律与道德的挑战。
3. 探讨增强法治观念与加强道德修养的重要性及实践途径。

第一节　本是同根生

> 法律是显露的道德，道德是隐藏的法律。
>
> ——林肯

　　法律与道德具有共同的起源。在人类历史发展初期，既没有法律也没有道德，在此阶段主要依靠氏族习俗、惯例及宗教等来规范人们的行为与生活。随着社会的发展、国家的产生，法律与道德逐渐取代了这些习俗惯例，成为规范社会的两大主要手段。在法律与道德产生初期，二者的界限并不像现在这样清楚划分，特别是在古代中国，"礼法合一"，道德规则构成了"礼"的主要内容，其实质就是"德法合一"，法律的发展也经历了法律道德化和道德法律化这样一个二者相互融合、共同作用于社会的漫长历史阶段。

　　以中国法制史为例，"法"最早被理解为"规矩"。早在两千多年前的周代，人们就把"礼"和"规矩"当成一回事。《礼记》曰："夫礼者所以定亲疏，决嫌疑，别同异，明是非也。"可见，"礼"是当时规范人们行为、辨别是非善恶的统一性标准，因此周王朝"以礼治国"，传统的阶级观念与民间礼俗就在那时形成。周朝末期，礼崩乐坏，思想界出现了"百家争鸣，百花齐放"的情形，以孔子为代表的儒家主张"为政以德"；墨子主张"兼爱""非攻"；道家主张"道法自然""无为而治"；以魏国李悝为代表的法家开始将此前的习惯礼法整理成文；战国末期，韩非子对法家思想及著作进行整理，强调重法，主张以法为教，以吏为师，要求改革和实行法治。西汉时期，汉武帝"罢黜百家，独尊儒术"，"引礼入法"逐渐儒家化，并在此后的发展中不断完善，体现了礼与法的紧密结合，以礼为主导，以法为准绳，将礼的精神和原则贯彻于法律之中。以礼入法使道德法律化，法由止恶而兼劝善；以法附礼使法律道德化，出礼而入于刑，以达到"礼法社会"模式的形成。

随着社会的发展与人们观念的进步，法律与道德才逐渐分离开来，成为两个相对独立的规范体系，并在分化过程中形成这样一个共识：从内容上来看，法律是道德的底线，严重违反道德、危害他人和社会公共秩序的行为，往往会被纳入法律规范，对其进行法律制裁，重者则予以刑事处罚；从形式与效力上来看，法律规定明确而具体，有国家强制力作为后盾保障实施，对严重违反者施以较重惩罚，道德内容则相对宽泛，全凭个人约束与自觉，对违反者仅依赖于公共舆论、批评教育、自我良心谴责等非强制手段处置。

然而，随着现代信息技术的飞速发展，社会控制领域也发生着深刻的变化。许多时候，道德谴责不再局限于熟人社会中的"窃窃私语""指指点点"，而是瞬息之间即可传播到世界的任意角落，由此带来的耻辱不亚于历史上的"游街示众"，对当事人的影响更是覆水难收。

网络暴力违法犯罪案例示警[1]

2018 年 8 月 20 日，被告人常某一之子在德阳某游泳馆游泳时，因与安某某发生碰撞后向安某某做吐口水动作，被安某某丈夫乔某某将头按入水中并掌掴。常某一闻讯与安某某、乔某某发生争执，并进入游泳馆女更衣室与安某某发生肢体冲突。公安民警接警后调解未果。次日上午，常某一、周某（另案处理）到乔某某单位反映上述情况，要求

---

[1]《依法惩治网络暴力违法犯罪典型案例》，载 https://www.court. gov.cn/zixun/xiangqing/413002. html，最后访问日期：2024 年 9 月 12 日。

对乔某某作出处理，并拍摄该单位公示栏中乔某某姓名、职务、免冠照片等；下午，被告人常某一和被告人常某二（常某一堂妹）等人到安某某单位，要求立即处理安某某，并吵闹、言语攻击安某某，引发群众围观。常某一通过安某某单位微信公众号获取其姓名、单位、职务、免冠照片截图。此后，被告人常某一、常某二和被告人孙某某（常某一表妹）将乔某某、安某某的相关个人信息与上述游泳池事件视频关联，通过微信群、微博发布带有情绪性、侮辱性的贴文和评论，并推送给多家网络媒体。涉案游泳池事件被多家媒体报道、转载，在网络上引发大量针对乔某某、安某某的诋毁、谩骂。其间，乔某某、安某某通过他人与常某一联系协商未果。同月 25 日，安某某服药自杀，经抢救无效死亡。四川省绵竹市人民检察院对常某一等提起公诉。

四川省绵竹市人民法院一审判决认为：被告人常某一、常某二、孙某某利用涉案游泳池冲突事件煽动网络暴力，公然贬损被害人人格、损坏被害人名誉，造成被害人安某某不堪负面舆论的精神压力而自杀身亡。综合考虑各被告人在共同犯罪中所起作用、自首、悔罪表现以及被害人乔某某过错情况，以侮辱罪判处被告人常某一有期徒刑 1 年 6 个月；被告人常某二有期徒刑 1 年，缓刑 2 年；被告人孙某某有期徒刑 6 个月，缓刑 1 年。宣判后，被告人常某一提起上诉。四川省德阳市中级人民法院裁定驳回上诉，维持原判。

与线下暴力直接造成人身伤害不同，网络暴力主要通过发布、传播信息，损害他人名誉、尊严等人格权益，实质是语言暴力。由于网络的特殊性，加之网络暴力信息"夺人眼球"，所涉信息极易在互联网空间被海量放大，快速扩散、发酵形成舆论风暴。网络暴力所引发的群体性网络负面言论，使被害人面对海量信息的传播而无所适从、无从反抗，导致"社会性死亡"甚至精神失常、自杀等严重后果。近年来，网络暴力引发的悲剧接连发生，亟须依法予以严惩。

本案即是网络暴力引发严重后果的案件，行为人发布侮辱性言论，并通过网络推送，引发大量针对被害人的网络诋毁、谩骂，造成被害人自杀的严重后果，扰乱网络秩序，破坏网络生态，严重影响社会公众安全感，社会影响恶劣。基于此，办案机关依法适用公诉程序，以侮辱罪对 3 名被告人定罪判刑。

网络并非法外之地，信息时代更对我们培养良好道德观念、道德意识、道德习惯提出了更高要求。2023 年 9 月，最高人民法院、最高人民检察院、公安部联合印发《关于依法惩治网络暴力违法犯罪的指导意见》，对于依法惩治网络暴力违法犯罪活动，有效维护公民人格权益和网络秩序进行明确规定，极大地保护了公民的隐私权，也正是道德在时代书卷中的延伸体现。

道德与法律同根同源，在漫长的发展演变过程中二者虽然分开，但在某种条件下还可以相互转化，关系十分密切。就在二者相互影响并共同作用于社会的过程中，人们的道德观念逐步成熟完善，法律对个性与自由的保障越来越全面，我们的生活也更加美满和谐。

案例示警："小悦悦"事件引发的思考

2011 年 10 月 13 日下午 5 时 30 分许，一起惨剧发生在佛山南海黄岐广佛五金城：年仅 2 岁的女童小悦悦走在巷子里，被一辆面包车两次辗轧，几分钟后又被一辆小型货柜车碾过。而让人难以理解的是，7 分钟内在女童身边经过的十几个路人，竟然对此不闻不问。最后，一位捡垃圾的阿姨把小悦悦抱到路边并找到她的妈妈。10 月 21 日凌晨，小悦悦经抢救无效死亡。

"小悦悦"事件在中国掀起了一场关于法律、道德与人性之间关系的反思。"停止冷漠"的号召在网上疯狂转发，媒体则呼吁政府进行道德重整，也有人呼吁借鉴外国经验，规定见死不救者应受惩罚。

冷漠是因为没有良善吗？也许不对，冷漠除没有良善之外，还有可能是怕担责，"不是我撞的，为什么要扶?""不是我撞的，为什么要管?"这种匪夷所思的逻辑，令公民的责任感荡然无存，公权和正义在此刻被无限搁置。但同时，当我们在谴责无人见义勇为时，我们不应当忘记，见义勇为的背后，同样需要健全的法律体系来为见义勇为这种行为背书。

现代社会，法律是调整社会关系的一种主要手段。然而，在面对纷繁复杂的社会关系、利益纠葛时，法律也并不是万能的。特别是在讲求法律效果与社会效果统一的今天，仅从法律效果去考量一个裁判的公正性是远远不够的，还应当注重裁判的社会效果。如何实现好的社会效果，这在纸面的法律中无法找到直接的答案。而道德深入社会生活的方方面面，深入每个人的内心世界，并在社会关系中发挥着重要的引导、调整作用。因此，法律与道德相结合，融德入法，将道德规范转变为法律规范，把积极的道德标准规定为法律应遵循的准则。如《民法典》中的诚信原则、公平原则、尊老爱幼原则，这些原本体现在道德中的义务通过立法予以实现。同时，法律也将某些消极的道德义务通过立法的形式予以禁止，如禁止诈骗、作伪证、贪污受贿等，违反这些道德，也就违反了法律。如此，让有形的法律和无形的道德，时刻指引和调整着我们的社会经济生活，社会才能更好地平稳运行，人民才能更好地安居乐业。

思考题

1. 网络不是法外之地。信息网络时代，应当如何做到遵纪守法、提高道德水平?

2. 你还知道哪些与道德密切相关的案例?

第二节　徒法不足以自行

徒善不足以为政，徒法不足以自行。

——《孟子·离娄上》

法律与道德有着密切的联系，作为重要的社会调控手段，二者相辅相成，相互促进。首先，道德是法律赖以成立的基础，道德行为是守法行为的基础。"徒法不足以自行"，"法律仅靠自身并不能得到良好的运行，充分发挥其作用"。这就意味着，法律的制定，并不代表它就能自动发挥作用。法律要想发挥它的作用，靠的不仅是它本身的威慑力和背后的国家强制力，还需要每个人内心坚强的道德约束力，这个基础是任何时候都不容忽视与动摇的。

案例示警：众口评说"范跑跑"事件[1]

"5·12"汶川地震发生时，范某忠作为一名人民教师正在课堂上讲课，当地震来临，范某忠没有管学生，而是自己先跑出了教室。不仅如此，在10天后，他又在网上发帖宣称，自己没有丝毫的道德愧疚感，而且写道："在这种生死抉择的瞬间，只有为了我的女儿我才可能考虑牺牲自我，其他的人，哪怕是我的母亲，在这种情况下我也不会管的。"这些言论让他受到了很多人的质疑，引发了部分网民对其作为教师的道德素养的声讨。事后学校校长在记者采访中表示，该名老师已被学校解除了聘用合同。

---

〔1〕《众口评说"范跑跑"事件：被误读了的自由正义》，载 https://www.chinacourt.org/article/detail/2008/07/id/310989.shtml，最后访问日期：2024年9月14日。

对于范某忠的言论与举动，单纯从法律的角度衡量，并无不妥之处。教师的法律义务是基于教育活动而产生，是保证其履行教育教学职责的要求。因此，这种法律义务仅限于教学活动中。根据《教师法》关于教师义务的规定，教师并没有在地震发生时疏散学生的义务，更没有必须在学生疏散完毕后才能离开现场的义务。教师在地震发生时作为公民个人，在自己的生命遭受正在发生的危险威胁的情况下，有权逃生。因此，范某忠的行为并未触犯法律规定。

但是，作为一个普通公民，尤其是作为一名人民教师，范某忠不仅要履行普通公民的道德义务，而且更应当遵守教师的职业道德。对普通公民而言，"先人后己""舍己救人"是我们社会大力弘扬的美好品德。作为教师，教育部 2008 年修订的《中小学教师职业道德规范》第 3 条规定，教师应"关心爱护全体学生，尊重学生人格，平等公正对待学生。对学生严慈相济，做学生的良师益友。保护学生安全，关心学生健康，维护学生权益。不讽刺、挖苦、歧视学生，不体罚或变相体罚学生"。2018 年，教育部印发《新时代中小学教师职业行为十项准则》，其中第 6 条规定，加强安全防范。增强安全意识，加强安全教育，保护学生安全，防范事故风险；不得在教育教学活动中遇突发事件、面临危险时，不顾学生安危，擅离职守，自行逃离。

由此可见，在地震发生时，教师有义务与责任先帮助学生安全撤离，再自己撤离。而范某忠在地震中不顾学生安危、最先逃出教室的行为，尤其是他连母亲都可以不顾的违背最基本孝道的不良言论，尽管没有触犯法律，但是体现了他缺乏教师的职业道德与做人准则，故而他的行为也受到社会的广泛批评和讨论。十年树木，百年树人。育人之本，在于立德铸魂。教师"言为士则，行为世范"，唯有自身在道德修养上做到良好示范，才能够成为学生学习、敬仰的榜样。

道德是法律赖以成立的基础，也是法律实施效果的重要影响因素。孟子曰："徒善不足以为政，徒法不足以自行。"法律的制定并不意味着能够自动发挥作用，法律也绝不仅仅是依靠自身的威慑力或背后的国家强制力所施行，而是需要社会中每一个公民内心坚强的道德约束力，这个基础是任何时候都不可被忽视和动摇的。没有道德基础的法律，也无法获得人们的内心尊重和真诚信仰。良法是善治之前提，法律的生命力在于实施，法律的权威也在于实施，而法律的有效实施正是以法律具备道德之基为前提的，在立法、执法、司法、守法、用法的各个环节，无一不体现着道德对法律的推动力量。

同时，法律对道德有着强大的促进作用。法律的实施过程本身就是一个惩恶扬善的过程，不但有助于人们法律意识的形成，还有助于人们良好道德的培养，对社会道德的形成和普及都有重大作用。法律作为一种国家评价，对于提倡什么，反对什么，都有统一的标准，而法律所包含的评价标准与大多数公民最基本的道德信念是一致或接近的。比如，我国《民法典》将弘扬社会主义核心价值观作为立法宗旨，其所确定的公序良俗原则即为重要体现，通过维护社会公共秩序和善良风俗，用法治的力量引导人民群众向上向善。因此，法律的实施就是传播道德的有效手段，能够促进道德原则的确立与弘扬。

千万房产遗赠保姆案 [1]

1981年间，刘某与妻子因感情破裂而分居。1995年，刘某在深圳市南山区大冲阮屋村自建了三幢房屋。后因刘某生活需要，于2001年聘请了时年38岁的杨某作为保姆，照顾其日常生活，此后两人逐渐产生感情并于2010年左右开始同居。2010年刘某分得三套共300平方米的回迁房，其5个子女均分得了100平方米至503平方米不等的回迁房，其妻子因将自己份额主动给了三个儿子，其只自留了80平方米。2016年8月4日，在律师见证下，刘某立下了自己的第一份自书遗嘱，明确表示：刘某因政府旧村改造所分得的房产300平方米全部归杨某所

---

〔1〕 参见广东省深圳市中级人民法院（2019）粤03民终21725号民事判决书。

有，任何人无权分争。经司法鉴定，该遗嘱落款处的签名字迹是刘某所写。立下遗嘱之后的第 5 天，刘某提起离婚诉讼，并在二审审理期间，因病死亡。

刘某直到去世前，都是与杨某一同生活。在其去世前的 2 个月，刘某立下了第二份遗嘱——《房产继承遗嘱书》。该份遗嘱同样表示：鉴于杨某已与刘某生活 17 年之久，两者感情深厚并同居多年，已是事实婚姻中的夫妻关系，为报答杨某的恩爱之情，为解除杨某的后顾之忧，决定待刘某死亡后，把依法分得的位于深圳市南山区共计 300 平方米的房屋所有权全部归杨某所有。该遗嘱内容为打印字体，有在场见证人和监督执行人，"立遗嘱人"处的签名字迹为刘某本人所写。在杨某提交的《深圳市人民医院住院患者疾病诊断证明》中显示，刘某在 2017 年 8 月 5 日时神志正常，意识清楚。刘某去世后，其妻子对其遗留的上述三套旧改回迁房进行了继承公证。2018 年，杨某将刘某的妻子告上法院，要求执行遗嘱内容，继承这三套房。刘某妻子抗辩主张涉案遗嘱违反公序良俗应为无效。

二审判决中，深圳市中级人民法院则认为，即便事出有因，杨某和刘某长期同居的行为也违反了婚姻法。同时，刘某超出日常生活需要对夫妻共同财产进行处分，单独将大额夫妻共同财产赠与他人，杨某明知刘某有配偶而与其长期同居并接受大额财产的赠与，显然也不能视为善意第三人。据此，依照 2017 年《民法总则》第 153 条第 2 款"违背公序良俗的民事法律行为无效"、第 155 条"无效的或者被撤销的民事法律行为自始没有法律约束力"之规定，深圳市中级人民法院最终判决刘某的遗赠行为无效。

公序良俗原则，是指以一般道德为核心，民事主体在进行民事行为时，应当尊重公共秩序和善良风俗的基本准则。这体现了民法要求民事主体对社会和道德予以基本的尊重，在非交易的民事行为和民事活动中，公序良俗是衡量利益冲突的一般标准。在这起案件中，"公序良俗"

被写入判决，并成为重要的裁判依据用来平衡利益冲突，从而让与刘某婚外同居多年的受遗赠人杨某最后落得人财两空的局面，无疑能让我们更加直观地认识到法律链接道德，确保公共利益，保护弱者，维护社会正义的重要作用。也表达出司法机关守护社会道德底线、用法律引导社会向善的司法担当。可以说，这是将法律对道德建设的促进作用在执法环节加以明确的具体体现。

实践证明，执法环节公正严明的执法行为，不仅可以把法律规范中的道德理念和优良的道德价值观，很好地在执法实践中展现出来，还可以把社会倡导的道德加以推广和激励。[1]因此，执法者应兼顾道德与法律，公正司法，让法律的道德价值在法律的执行中得到较好地体现和落实，这样便能使法律对道德建设的促进作用在社会实践中很好地表现出来。

都说道德是拔高的，法律是兜底的，二者相辅相成。道德确立的基本价值是立法的向导，也是法律正常运转的社会和心理基础，执法和守法都离不开道德，法律又反过来促进道德原则的确立与弘扬，对严重违背道德的行为予以惩处。因此，我们全面推进依法治国，需要法律和道德共同发挥作用。正所谓："法治与德治并举才能够实现善治。"如同车之两轮，鸟之双翼，一手抓法治，一手抓德治，以道德滋养法治精神，实现法律和道德相辅相成，法治和德治相得益彰，共同维护民众价值观的精华与社会秩序的稳定，才能让整个社会的发展迈向更高层次。

思考题

1. 当法律与道德发生冲突时应如何决断？

2. 作为罪犯，以监规纪律严格要求自己的同时，应当从哪些方面做到提高道德素质？

---

〔1〕 岳树梅：《法律对道德建设的促进作用研究》，载《探索》2015 年第 1 期。

第三节　管住你自己

天下之本在国，国之本在家，家之本在身。

——《孟子·离娄上》

一个民族、一个人能不能把握自己，很大程度上取决于道德价值。如果我们的人民不能坚持在我国大地上形成和发展起来的道德价值，而不加区分、盲目地成为西方道德价值的应声虫，那就真正要提出我们的国家和民族会不会失去自己的精神独立性的问题了。如果没有自己的精神独立性，那政治、思想、文化、制度等方面的独立性就会被釜底抽薪。[1]人无德不立，品德是为人之本。止于至善，是中华民族始终不变的人格追求。我们要建设社会主义现代化强国，不仅要在物质上强，更要在精神上强。精神上强，才是更持久、更深沉、更有力量的。[2]

法律与道德是我们每个人的日常行为规范，但侧重点有所不同。法律作为一种外在秩序，偏重于调整人们的外部行为，即个人意志的外在表现。道德则不同，对人们的外在行为和内在动机均有较高的准则要求。因此，道德上的义务不一定是法律上的义务，道德上受谴责的行为不一定受法律制裁。如果想成为一个守法律、讲道德的人，在日常生活中，必须时时刻刻注意自身的行为有无触犯法律或违背道德。一旦放松警惕，二者的界限就会变得很模糊，有时违背道德和违反法律只有一步之遥。

---

〔1〕 2014年2月17日，习近平总书记在省部级主要领导干部学习贯彻党的十八届三中全会精神全面深化改革专题研讨班上的讲话。

〔2〕 2019年4月30日，习近平总书记在纪念五四运动100周年大会上的讲话。

吕某某、程某某过失致人重伤案[1]

——高空抛物案件的定性

2021年8月19日，山东省德州市某丰搬家有限公司接受雇用，派员工被告人吕某某、程某某到渤海某公司搬运棉被等物资。当日上午9时40分许，吕某某、程某某驾驶厢式货车到达渤海某公司，将车

辆停放在存放物资的一幢三层办公楼西侧的一楼楼道门口处，后进入该楼道入口正上方三层一房间内打包棉被等物资。其间，吕某某、程某某将10床棉被打包从该房间西侧窗户抛掷楼下，见楼下无人，两人又打包20床棉被向楼下抛掷，恰遇被害人胡某某步行至此，被棉被砸伤，致胸椎骨折脱位并脊髓损伤、肋骨多处骨折损伤等，经鉴定，胡某某伤情为重伤一级。

山东省滨州经济技术开发区人民法院于2023年6月9日作出（2022）鲁1691刑初152号刑事附带民事判决：被告人吕某某犯过失致人重伤罪，判处有期徒刑2年6个月；被告人程某某犯过失致人重伤罪，判处有期徒刑2年6个月；附带民事诉讼被告人德州市某丰搬家有限公司于判决生效后10日内赔偿附带民事诉讼原告人胡某某损失80.109 464万元。宣判后，被告人吕某某提出上诉。山东省滨州市中级人民法院于2023年8月21日作出（2023）鲁16刑终102号刑事裁定，驳回上诉，维持原判。

一颗鸡蛋、一枚铁钉、一个易拉罐……这些生活中常见的小物件如果从高空抛下，就会变成伤人的利器。高空抛物，长久以来被称为

---

[1] 参见山东省滨州市中级人民法院（2023）鲁16刑终102号刑事裁定书。

"悬在城市上空的痛"。这简单一抛，对社会公共安全存在极大的危险，轻则破坏环境，重则危害财产、伤人生命。而这种现象之所以发生，究其原因往往在于少数人公德意识淡漠，随手丢弃物品。某人不文明、不讲道德地"随手一扔"，看似无关紧要的"无心之失"，都有可能酿成悲剧。高空坠物不仅事关社会公德，更是一条不能逾越的法律红线。

除却高空抛物、坠物行为，医护人员玩忽职守、教师违反师德师风在内的职业道德缺失现象也时有发生。还有如长春长生疫苗事件，涉及公共卫生安全、食品安全等领域人员职业道德出现滑坡，影响尤其恶劣。甚至有一些人的道德失范行为触碰了公序良俗底线，引发社会强烈关注。这些行为包括在短视频平台传播低俗不良信息、婚闹、直播虐杀野生动物、恶搞英雄烈士、侮辱国旗国徽等。例如，此前出现的有人身穿日本军服在南京抗战遗址前摆拍事件，严重伤害国家尊严和民族感情。究其原因，还是因为存在一个"道德的剪刀差"：权利意识不断高涨，但法治意识还没跟上。一些人越来越懂得如何保护自身权益，却常常对法律规范表现出无知或冷漠，以致每每"严于律人，宽以待己"，因私德缺失，作出违法乱纪之事。

中学教师周某某猥亵学生问题[1]

2021年上半年至2022年5月，周某某多次猥亵、强制猥亵未成年女学生，2022年11月被法院判处有期徒刑8年。周某某的行为违反了《新时代中小学教师职业行为十项

---

〔1〕《教育部公开曝光第十二批7起违反教师职业行为十项准则典型案例》，载 http://www. moe. gov. cn/jyb_ xwfb/gzdt_ gzdt/s5987/202304/t20230420_ 1056414. html，最后访问日期：2024年9月12日。

准则》第6条的规定。根据《事业单位工作人员处分暂行规定》《中小学教师违反职业道德行为处理办法》《关于落实从业禁止制度的意见》等相关规定，给予周某某开除处分，其丧失教师资格，被列入教师资格限制库，终身不得重新申请认定教师资格，终身禁止其从事密切接触未成年人的工作。对所在学校校长给予党内警告处分，对党支部书记和副校长分别予以诫勉谈话。

德是人之本，人无德不立。一个人如果不能在德行上管住自己，缺乏良好的道德品质，便无法在社会上立足。今天，现代化进程马不停蹄，社会文明的建设也驶上了"快车道"，我们每个人的道德自律也应"紧随其上"，管住自己，加强道德修养，涵养法治意识，做好"君子慎独"。如果像上面案例中一样，师风败坏、德行失守，不但违反了教师职业道德的基本规范，还触碰到法律的红线，唯有依法依规严惩，才能让人在行为举止、内心深处时时牢记应有的道德律令和言行边界。

但也有人认为："只要不违反公德，在私德领域可以任性而为。"事实上，人处在各种社会关系之中，与世隔绝的"世外桃源"无从寻觅。尤其身处人人都有"麦克风"、处处都是"直播间"的时代，个人学术失信，对其他人不公平；明星绯闻频出，形成负面示范……私德若是"光着脚"，公德注定"无法跑"。习近平总书记深刻指出，核心价值观，其实就是一种德，既是个人的德，也是一种大德，就是国家的德、社会的德。私德的意义不在于独善其身，而是以公共空间为坐标锚定私人领域的界限。

"重庆姐弟坠亡案"被告人被执行死刑[1]

被告人张某隐瞒已婚已育事实，与被告人叶某尘建立不正当男女关

---

〔1〕《"重庆姐弟坠亡案"被告人被执行死刑》，载 http://www.news.cn/20240131/d8376b40bb27467da763c1aa6c9c6b6a/c.html，最后访问日期：2024年9月12日。

系。叶某尘在得知张某婚育情况后，仍继续与张某交往。2020年2月，张某与妻子陈某某协议离婚，约定女儿张某甲（被害人，殁年2岁）由陈某某抚养，儿子张某乙（被害人，殁年1岁）由张某抚养至6岁后归陈某某抚养，张某分期向陈某某支付80万元抚养费。叶某尘知晓张某与陈某某离婚协议内容，仍将张某甲、张某乙视为其与张某结婚的障碍和以后共同生活的负担。为此，二人多次共谋杀死张某甲和张某乙，并决定采用制造意外高坠方式作案。之后，叶某尘多次催促张某作案，以其家人因张某有孩子反对二人共同生活、不解决孩子问题就不见面和分手等为由，不断催促、威逼张某动手杀人，并给张某限定最后时限。为方便作案，张某遂诱骗陈某某将张某甲送至其家中。2020年11月2日下午，张某趁其母亲外出之机，将在15楼家中次卧室飘窗窗台玩耍的张某甲和张某乙的双腿抱住掀出窗外，致张某甲颅脑损伤死亡，张某乙颅脑及胸腹腔多脏器损伤造成呼吸循环衰竭，经抢救无效死亡。

最高人民法院认为，被告人张某、叶某尘故意非法剥夺他人生命，其行为均已构成故意杀人罪。在共同犯罪中，张某、叶某尘地位作用总体相当，均起主要作用，系主犯，应按照各自参与的全部犯罪处罚。张某、叶某尘视张某的亲生子女为结婚障碍，共同预谋采用制造意外高坠方式杀人，致两名幼童死亡，严重挑战法律和道德底线，犯罪动机极其卑劣，情节特别恶劣，手段特别残忍，后果和罪行极其严重，应依法惩处。故依法作出裁定，核准张某、叶某尘死刑。2024年1月31日上午，重庆市第五中级人民法院遵照最高人民法院下达的执行死刑命令，对张某、叶某尘执行了死刑。

这不仅是一起严重的刑事案件，更是一起涉及伦理、道德和人性的悲剧。张某和叶某尘作案动机卑劣，主观恶性极深，这种罪大恶极的行为严重违背了社会道德和伦理底线，并造成了重大且极其恶劣的社会影响，两个人都被判处死刑，无疑是回应了社会关切。每一次回顾这样的悲剧，都应该成为我们反思和进步的契机。道德问题不仅是个人修养的事情，仅靠道德自律、良心谴责是不够的，还必须加强管理。"法律是底线的道德"，就是要把那些突破人伦底线的行为纳入法律规范惩治的范围中。对于那些利欲熏心、严重失德的人，必须加大惩戒力度，让他们为失德行为付出高昂代价。

法律是最底线的道德，道德是高标准的法律。道德可以分为两类：第一类是社会有序化要求的道德，即社会要维系下去所必不可少的"最低限度的道德"，如不要伤害他人、不得损害他人合法权益、不能危害公共安全等；第二类包括那些有助于提高生活质量、增进人与人和谐关系的原则，如博爱、无私、奉献等。其中，第一类道德通常上升为法律，通过制裁或奖励的方法得以推行；而第二类道德则是较高要求的道德，一般不宜转化为法律，否则就会混淆法律与道德，结果是"法将不法，德将不德"。作为公民，我们要遵循的法律，也可视作最低限度的道德。在现实生活中，在面对模棱两可、没有明晰的法律条文予以规定的情况时，一定要抵御各种诱惑，牢记心中的道德标准，作为衡量自身行为的价值尺度，坚决不逾越。

思考题

1. 你理解的"最低限度的道德"是什么？

2. 社会公德、职业道德、家庭美德、个人品德分别在法律规范中有哪些体现？请各列举至少两点。

第四节　做人要厚道

君子喻于义，小人喻于利。

——《论语·里仁》

　　法律和道德都是社会环境的净化器、社会和谐的助推器。每个公民立身处世，不仅要树立法治观念，而且要以道德律己，以好的德行待人。一个具有良好道德观念的人，会把遵守法律视为自己的道德义务，自觉地依法办事，行使权利和履行义务，自觉地同一切违法犯罪行为作斗争，维护法律的尊严和权威。一个道德观念低下的人，也可能会出于对法律制裁的惧怕而遵守法律，但这种守法行为相当不稳定，随时可能向违法行为转化。同时，由于道德观念低下，没有道德上的羞耻之心，不以违反法律为耻，就不可能在心中形成一道防御违法的堤坝，而只是力求逃避法律的惩罚甚至想方设法去钻法律的空子。

　　一个人要树立良好的道德观念，必须先树立起"做一个有美德的人"的道德愿望、道德目标和道德理想。当然，仅有这些还远远不够，最重要的是必须实践道德准则，按照道德规范做事，从事符合道德规范的实际活动。亚里士多德说："德性的获得，不过是先于它的行为之结果；这与技艺的获得相似。因为我们学一种技艺就必须照着做，在做的过程中才学成了这种技艺。我们通过从事建筑而变成建筑师，通过演奏竖琴而变成竖琴手。同样，我们通过做公正的事情而成为公正的人，通过节制的行为而成为节制的人，通过勇敢的行为而成为勇敢的人。"不论每个人的先天遗传和后天环境如何，他若经常偷盗，那么他的道德人格就是个小偷，就具有小偷的品德；他若经常做好事，那么他的道德人格就是个好人，就具有好人的品德。因此，每个人的道德人格，稳定的、恒久的、整体的心理状态，以及品德，直接说来，都是自己行为的产物，是遵守或违背道德的伦理行为积累到一定程度的结果。

要养成良好的道德观念，还必须学会改过自新。在不同的社会环境的熏陶之下，每个人都可能受到恶的欲望和动机的影响，从而产生为非作歹的想法，甚至付诸行动。在这种情况下，一个人如果不断改过迁善，积善而不是积恶，其善的行为便会是恒久的，也因此可以成为一个有美德的人。一个人如果知过不改、文过饰非和继续作恶，其恶行不断积累，以致恒久为恶而偶尔行善，使恶成为习惯，那么这些行为所形成的便是恶德，而不是美德，其便是一个有恶德的人而不是一个有美德的人。所以，《周易》中讲："善不积，不足以成名；恶不积，不足以灭身。小人以小善为无益而弗为也，以小恶为无伤而弗去也，故恶积而不可掩，罪大而不可解。"

见义勇为与挟尸要价

2009年10月24日下午2时许，在湖北省荆州市宝塔河段江滩上玩耍的两名小男孩不慎滑入江中，正在附近游玩的长江大学10余名男女大学生发现险情后迅速冲了过去。因大多数同学不会游泳，大家决定手拉着手组成人梯，伸向江水中救人。很快，一名落水男孩被成功救上岸，另一名男孩则顺着人梯往岸边靠近。就在这时，意想不到的一幕发生了：人梯中的一名大学生因体力不支而松手，水中顿时乱成一团，呼喊声一片。这时，正在宝塔河100米以外的冬泳队队员闻声赶来施救，冬泳队员杨师傅、韩师傅、鲁师傅等陆续从水中救起6名大学生，而陈某时、何某旭、方某3名大学生却消失在湍急的江水中。

事发后，长江大学领导迅速赶到现场，当地消防、海事部门也相继赶到组织搜救。由于该处地处江水回流区域，水流湍急，坡陡水深，浅处有四五米，最深处达十几米，经过1个多小时搜寻，陈某时被打捞上岸，医护人员现场进行全力抢救，终因沉江时间过长，未能生还。至下午5时50分许，另外两名大学生的遗体也被打捞上岸。

湖北省荆州市于 10 月 26 日授予在长江荆州宝塔河段救起两名落水少年的 17 人以"舍己为人、见义勇为英雄群体"的称号。这 17 人当中包括 14 名长江大学的学生和 3 名冬泳队的老人。

同样是在 10 月 24 日，在宝塔河段打捞救人牺牲大学生遗体时，某公司人员要价 3.6 万元，并索要 300 元的烟酒和矿泉水费之后再开工，且先交钱后打捞，为索钱曾多次中断打捞。其见利忘义、唯利是图的行为受到了群众的指责和媒体的批评。

11 月 7 日，荆州市人民政府新闻发言人办公室通报称：某公司相关责任人陈某除收取打捞费外，还乘人之危另外索要了价值 300 元的烟酒和矿泉水费，该行为触犯了《治安管理处罚法》第 49 条的规定，构成敲诈勒索，公安机关已依法将其治安拘留 15 天，并处 1000 元罚款。

11 月 7 日，荆州市某公司法人代表将"10·24"事件中获得的 3.6 万元"天价打捞费"交到荆州市公安局，并表达悔改之意。已被拘留的陈某表示，对自己的行为后悔不已，并向英雄的家属表示深深的歉意。

3 名大学生因救两名落水少年而献出了年轻的生命，许多人为他们的见义勇为而感动。但也有人认为，用 3 个大学生的生命来换取两个少年的生命，是捡了芝麻丢了西瓜，虽勇气可嘉却不值当。这种言论看似有理，也符合价值规律中的等价交换原则，但是其本质是大错特错的，因为只考虑经济价值，却忽略了人性与道德的价值。3 名见义勇为的大学生和许多其他为了他人献出自己生命的勇士一样，是当今社会中人性与社会道德价值的忠实捍卫者。

捞尸人的挟尸要价行为与大学生的见义勇为行为在这个案例中形成了鲜明对比。职业捞尸者以捞尸为业，通过自己的劳动换取经济利益，这一点本无可厚非。但是这次，职业捞尸者面对勇救落水少年的大学生，不仅没有向这些英雄们学习，反而乘人之危索要"天价打捞费"和"价值 300 元的烟酒和矿泉水费"这些不义之财，就足以表明挟尸要价者追逐的唯一目标，就是经济利益。《论语·里仁》中讲："君子喻于义，小人喻于利。"作为君子的见义勇为者是道德模范，受到社会舆论的广泛赞扬。甘当小人的挟尸要价者，其见利忘义、唯利是图的行为，挑战了道德的底线，甚至触犯了法律，遭到社会公众的唾弃，并受到了应有的处罚。

人的一生随着时间的推移而逐渐消逝，不同的人生观、道德观让每个人走上不同的人生之路。错误的人生观、价值观会使人丧失道德、法治观念，误入歧途，甚至坠入犯罪的深渊。树立正确高尚的人生观、价值观是对个人层面上道德培育的关键所在。所以，我们每个人都应当树立正确的道德观念，常积善德，在做个"好人"的基础上，以道德时时规范自我、审视自我，进而提高和培养自身的法律信仰和守法意识，成为一个法律与道德素质俱佳的合格公民。

思考题

1. 作为罪犯，在改造生活中应当如何践行社会主义核心价值观？

2. 通过学习《道德》篇的内容，对你今后的改造生活有哪些启示？

推荐书目

1.《道德的法律强制：原则与界限》，郑玉双，商务印书馆 2023 年版。

2.《圆圈正义：作为自由前提的信念》，罗翔编著，中国法制出版社 2019 年版。

推荐电影

《第二十条》（2024 年），张艺谋执导。

第六篇

情　感

　　情感与法律之间总有一种"剪不断，理还乱"的关系，情感中的道德感、荣誉感、责任感等因素，有时是守护法律的重要动能，有时却又与法律规范发生冲突；而强烈的、短暂的、爆发式的情感反应则往往成为触犯法律的直接原因。情感体验中的亲情正义与法律规范中的社会正义不能两全吗？如何才能防止因情感失控而违法？法律运行中情感的因素又是如何体现的？

【阅读提示】

1. 探讨情感与法律之间的复杂关系。
2. 研究如何平衡情感体验与法律规范中的正义。
3. 分析法律运行中情感因素的体现与影响。

第一节　"法不容情"吗

> 法者，治之正也，所以禁暴而率善人也。
>
> ——《史记·孝文本纪》

法律是由国家制定或认可，并以国家强制力保证实施的，反映由特定物质生活条件所决定的统治阶级意志的规范体系。法律作为一把戒尺，作为审判的工具，它本身就具有客观性，刑法上有"法无明文规定不为罪，法无明文规定不处罚"的原则，即法律必须保持理性。单就法律条文来看，读起来客观理性，条理分明。而具体到法律的适用，并不会因情感、私欲和偏见而产生的激情来评判是非纷争，更不会因激情来演绎法律的理性和司法活动的理性。

为子报仇的他缘何走上了不归路[1]

2014年8月14日，汪某舟之子汪某1因精神病发自残小脚趾，到池州市第一人民医院骨科住院治疗。同年8月17日，汪某舟与医院心理科联系希望将其子转至心理科接受治疗，被害人汪某2作为心理科医生接待汪某舟，因心理科当天无床位，汪某舟之子又被转回骨科病房走廊。次日上午汪某舟之子在池州市第一人民医院跳楼，经抢救无效死亡。为此，汪某舟要求医院赔偿并诉至法院，后汪某舟认为医院一直未能承担其子死亡的责任，故产生报复泄愤想法。

2015年6月12日，汪某舟从外地回到池州市贵池区家中，后到贵池区某处购买7个长圆柱形纸筒小炸炮，并将其自制成一个大炸炮。8

---

[1]　参见安徽省高级人民法院（2016）皖刑终404号刑事裁定书。

月 19 日上午, 汪某舟随身携带一个小炸炮和自制的一个大炸炮来到池州市第一人民医院心理科病房区, 后在附近等候被害人汪某 2, 9 时许, 汪某舟见汪某 2 驾驶银色大众朗逸轿车行至医院心理科大楼东南侧 T 形路口处, 遂捡起路边一块水泥砖追上轿车, 将轿车驾驶室玻璃窗砸碎, 又点燃小炸炮扔进驾驶室, 汪某 2 见状欲将炸炮往车外扔, 汪某舟用手抓住炸炮抵住不让其扔出, 拉扯中炸炮发生爆炸, 汪某 2 被炸后躺在车内, 后被他人送往医院救治。汪某舟则来到旁边沙堆处喝药企图自杀, 当日 9 时 20 分, 接群众报警公安民警赶至现场进行控制, 对汪某舟身上自制大炸炮进行排除, 后将汪某舟送往医院救治。经鉴定, 被害人汪某 2 因外伤致左右手和左侧腕关节损伤程度均属重伤二级, 右侧腕关节损伤程度属轻伤一级, 右侧额骨骨折损伤程度属轻伤二级。汪某舟的行为已构成故意杀人罪, 因犯罪未遂可以从轻处罚, 判处汪某舟无期徒刑, 剥夺政治权利终身。

中年丧子的汪某舟, 无处倾诉其内心的苦痛, 正如证人所说: "汪某舟在儿子去世前很正常, 儿子去世后很少跟人说话, 有时说着自己就哭。"原本让人同情怜悯的汪某舟却采用了如此极端的方式泄愤, 最终要为自己的行为付出沉痛的代价, 仅从这个角度来说, 法律是理性的。法律作为一把戒尺, 其本身就具有客观性, 法律的公正无私就是悬在人们头上的一把剑, 伸张正义, 惩恶扬善。

立法有温度, 民生总关情。法律并不排斥人类最基本的情感诉求, 法律也绝不是冷冰冰的惊堂木! 在我国现行各项法律中, 包含了很多类似 "从轻减轻" 的情节, 无不体现出 "法亦容情"。例如, 《刑法》中关于限制刑事责任能力人从轻减轻处罚的规定, 已满 75 周岁的人犯罪的可以从轻处罚的规定, 怀孕的妇女不适用死刑等。再如, 《民法典》中关于男方不能在妻子怀孕期间、分娩后 1 年内或中止妊娠后 6 个月内提出离婚要求, 这就是考虑女性在特殊时期的心理承受能力, 无不体现出法律的人文关怀。特别是刑法中的 "自首" 制度, 给我们指出了一种亲情与法理两全的正确方式，体现了人道主义精神，求得了情与法的平衡。

亲属提供线索抓获犯罪嫌疑人的可酌情从轻处罚[1]

2003年1月至2005年5月，被告人田某志以与他人合作经营为名，采取编造虚假合同项目并签订合作经营合同书等方法，在社会上非法集资，以投资零风险及高额回报为诱饵，共计骗取82名被害人832.9万元，至案发时，尚有732.09万元未予归还。

案发后，公安机关找到田某志的亲属田某，田某向侦查人员反映：田某志可能住在某饭店405房间；2005年5月21日田某的手机上有两个未接电话，往回拨打打不通，可能是田某志的电话。侦查人员经过侦查，确认田某提供的两个电话是某饭店的电话，并到该饭店查到田某志的住宿登记。遂于2005年5月27日13时30分，在某饭店405号房内将田某志抓获。被告人田某志的行为已构成集资诈骗罪，犯罪数额特别巨大并且给国家和人民利益造成特别重大损失，依法判处无期徒刑，剥夺政治权利终身，没收个人全部财产。

法院生效裁判认为，被告人田某志的亲属向公安机关提供的是或然性线索，该线索经过侦查员侦查落实为确定性线索后将田某志抓获，田某志是被动被抓，且其在案发过程中始终没有主动投案的行为，不构成自首，鉴于田某志的亲属有提供重要线索积极协助公安机关抓获田某志的行为，且田某志归案后如实供述自己的罪行等具体情节，对田某志可酌情从轻处罚。

亲情可以给人力量，也容易让人迷失。人活着不能没有爱，但更不

---

[1]　《亲属提供线索抓获犯罪嫌疑人的能否认定自首——田某志集资诈骗案》，载 https://rmfyalk.court.gov.cn/dist/view/content.html? id=vWRrLI2gCxfG6I4nW7JB0o0stPgLoFGrdsAEX2mO5zk%253D&lib=ck&albh=2023-04-1-134-010，最后访问日期：2024年9月14日。

能没有法治信仰。田某志的亲属向侦查人员提供线索，不仅为其争取了从轻处罚的机会，也维护了法律的尊严和权威。

就人类赖以延续发展以及人性中所不可或缺的共同情感来说，情与法在本质精神上是一致的。人的憎恶邪恶、痛恨暴虐、同情无辜、怜恤弱小等感情，不仅与法并不矛盾，而且是法所着力维护和弘扬的。有了这些美好的情感，执法者才可以将情与法的兼容和协调统一充分体现在法律运行过程中。这种兼容和协调与人们的道德情感认知是一致的，它既体现了法律冷峻严厉的一面，又体现了法律人性温情的一面，准确地表现了法律惩恶扬善的功能。可见，情感与法律有着深刻的内在联系，特别是在社会公平正义的价值判断方面，二者具有高度的一致性，这也为法律能得到绝大多数人的拥护并愿意自觉遵守奠定了基础。

压死骆驼的最后一根稻草，锤杀背后的仇与怨[1]

被告人谢某连（女）与被害人秦某锋于 2010 年登记结婚，秦某锋酒后常殴打谢某连，双方感情逐渐恶化。2019 年 2 月，谢某连与秦某锋协议离婚，约定儿子抚养权归男方。离婚后秦某锋多次殴打辱骂、恐吓谢某连，骚扰谢某连亲属，将儿子交由女方抚养并经常前往谢某连住处纠缠，性侵谢某连。2022 年 9 月 3 日晚，秦某锋酒后再次到谢某连租住地打骂儿子，辱骂并威胁谢某连，要求谢某连搬去与其共同居住，胁迫谢某连与其发生性关系，要求谢某连买夜宵给他吃。次日 1 时许，谢某连下楼外出购买夜宵返回后，见秦某锋仍裸身睡于客厅床上，其对秦某锋对儿子及自己实施暴力行为不满，为摆脱秦某锋的纠缠，谢某连持铁锤敲击秦某锋头面部，在秦某锋坐起后继续多次敲击秦某锋头面部，致秦某锋死亡。事后，谢某连先后拨打 120 求救和 110 报警，并在现场

---

〔1〕《谢某连故意杀人案——故意杀人罪"情节较轻"认定》，载 https://rmfyalk. court. gov. cn/dist/view/content. html？ id = vvKWNZZ2k1Zq4KoMfthAQ5Zc85z52LuhOG8T9WnKwkQ% 253D&lib = ck&title = %E8%B0%A2%E6%9F%90%E8%BF%9E%E6%95%85%E6%84%8F%E6%9D%80%E4%BA%BA%E6%A1%88，最后访问日期：2024 年 9 月 12 日。

等候处理。被告人谢某连故意非法剥夺他人生命，其行为已构成故意杀人罪。被害人长期对谢某连及其孩子实施暴力行为，案发当晚再次对谢某连施暴，激起了谢某连长期压抑的不满情绪和反抗念头，引发本案，被害人对本案发生具有严重过错。谢某连是在长期家庭矛盾和暴力侵害中，不堪忍受被害人长期纠缠、施暴等不法侵害，为摆脱被害人侵扰出于义愤锤击被害人致其死亡。作案后主动打 120 求救，打 110 报警，其行为应当认定为故意杀人的"情节较轻"。谢某连具有自首情节，取得被害人亲属谅解，可以在情节较轻的量刑幅度内从轻处罚。故判处被告人谢某连有期徒刑 5 年。

可能有人会说，法律是冷冰冰的、不近人情的。有时，一些案件的判决出来之后，也会有媒体报道说这个案件非常有价值，因为它体现了法理和人情的统一。故意杀人有罪，法律必须挺身而出，但本案被告人是在长期家庭矛盾和暴力侵害中产生的恐慌、害怕、义愤的心理状态下冲动杀人，犯罪动机的产生具有可宽宥性，属于事出有因，故而法官在裁判时并没有刻板地适用法律，也考虑人性的弱点，情与法的相互协调此时体现出人性的光芒。

但如果以此企图可以用情感打动执法者，法外求情，以求轻判，那是不可能的。要知道，法不容情，未经审判，任何团体和个人都没有权力给他人定罪，任何人都有非经法定程序不受处罚的权利。除了正当防卫、见义勇为等特定的紧迫情况，如果人们都各凭一己之好恶来处理社会人际矛盾，则社会秩序必将崩溃。以情代法的后果，有可能使自己丧失道义上的正当性，而沦为罪犯。同时，法亦有情，法律和情感的公平正义是相一致的，依法办事应该成为所有人的价值取向。

思考题

1. 你怎么理解"法不容情"？

2. 在法治社会中，你认为如何平衡法律的刚性与人文关怀，确保法律判决既符合公平正义的原则，又能体现人性的温度？

第二节　冲动是魔鬼

只有理性才能教导我们认识善恶，使我们喜善恨恶。

——卢梭

冲动是魔鬼！因蒜皮小事烧伤母亲[1]

2019 年 12 月的一天，陈某因琐事与其父亲在电话中发生口角，又因当时喝了酒情绪激动，决定报复父亲。随后，陈某用饮料瓶装了汽油，带到其父母开设在龙圩区龙圩镇某店铺处，本想泼向父亲，但母亲吴某见状予以阻拦，在争执过程中，陈某将汽油泼到吴某身上，并用打火机点燃汽油，导致吴某脸部、手部等多处部位被烧伤。经龙圩区人民检察院审查后认为，被告人陈某故意伤害他人身体，致人轻伤二级，其行为已触犯《刑法》第 234 条，遂以故意伤害罪对其提起公诉。最终经法院审理，被告人陈某被判处有期徒刑 10 个月。

一件蒜皮小事的纷争却引发了严重的后果，这足以告诫我们：冲动是魔鬼，肆无忌惮地发泄情绪只会让自己陷入不利局面，甚至有可能触犯刑法，付出惨痛的代价。

著名的"费斯汀格法则"有一个很有趣的说法："生活中的 10% 是由发生在你身上的事情组成，而另外的 90% 则是由你对所发生的事情如何反应所决定。"生活中，突发事件在所难免，如何应对、如何处置突发事件是解决问题的关键。面对突然发生的状况，有些人选择冷静，而有些人却因一时冲动，导致自己行为过激，甚至构成犯罪。这不仅给

---

〔1〕《以案释法，冲动是魔鬼，高墙内的他们悔不当初》，载 http://www.lxqjcy.gov.cn/index.php? m＝content&c＝index&a＝show&catid＝13&id＝362，最后访问时间 2025 年 1 月 6 日。

对方造成伤害，而且给自己、家庭和社会造成难以弥补的损失，当事人无不追悔莫及。

小矛盾引发的大血案，两败俱伤的人间惨剧[1]

2020 年 3 月 10 日 19 时许，被告人卫某加与被害人郭某等多名同乡在郭某租住处吃晚饭，因卫某加劝他人喝酒，郭某阻止，二人发生争执，郭某扔碗砸伤卫某加的头部，二人被现场人员拉开后，各自离开。后卫某加持水果刀、扳手等工具到出租屋寻找郭某报复，使用水果刀捅刺郭某

胸部等位置，致郭某死亡，被告人卫某加犯故意伤害罪，被判处无期徒刑，剥夺政治权利终身。

人生而有情。都说人做事要有分寸，要把握度。度的上限是品质高，有修养，任何时候都能把持自己，哀而不伤，怨而不怒，喜而不狂。度的底线是守法，不违法乱纪。案件中卫某加与被害人郭某平日里并无怨仇，但这一事件的发生让两个家庭都陷入了痛苦与不幸中。所以，对我们来说，学法也好，控制自己的情绪也好，最后的目的其实都是提高自身修养，学会在为人处世上把握好度，这是最重要的。不然，一些不良情绪如不能及时疏导而任其发展，将导致深层情感的变化，一旦失控，不仅伤及对方，甚至会伤及无辜，给社会造成重大危害。

---

〔1〕 参见广东省高级人民法院（2021）粤刑终 70 号刑事裁定书。

因爱生恨，情感压抑的恶果[1]

被告人陆某与妻子肖某感情不和，2019年10月发现肖某与伍某有不正当男女关系，同月29日与肖某协议离婚，后对伍某怀恨在心并曾到伍某的亲戚家寻找伍某，伺机报复。同年11月8日16时许，陆某驾驶车辆途经湖南省新化县城某路段时偶遇伍某驾驶车辆迎面驶过，便立即掉转车头追赶并连续多次撞击伍某驾驶的车辆，当追至某公路路段时，陆某的车辆逆向行驶到对向车道，再次猛烈撞击伍某所驾车辆后，又撞击到从镇里驶往新化县城方向的被害人王某甲（殁年70岁）驾驶的摩托车，致王某甲和乘坐摩托车的王某甲妻子邹某（被害人，殁年65岁），外孙女游某（被害人，殁年3岁）当场死亡，孙女王某乙（被害人，时年7岁）受伤。事故发生后，陆某下车继续追打伍某，被围观群众劝开后又返回车中取出扳手再次追打伍某，后伍某逃脱，陆某随即逃离现场。陆某在公路上驾车追撞他人车辆并逆向行驶，严重危害社会公共安全，其行为已构成以危险方法危害公共安全罪，判处被告人陆某死刑，剥夺政治权利终身。

俗话说，冲动是魔鬼，本是普通的感情纠纷最后却演变成一场血案。被感情冲昏头脑的人，冲动起来往往丧失理智，那么他也将为自己的疯狂行为付出代价。所以遇到问题切不可一味冲动，不要偏激，要善于及时疏导内心压力，切勿因为婚姻不成而作出过激举动，否则等来的不是爱情而是法律的制裁！生命只有一次，又岂可儿戏！

---

〔1〕 参见最高人民法院《陆某以危险方法危害公共安全死刑复核刑事裁定书》。

若情绪超越了自己能控制的范围，最好的方法不是释放或是压抑，而是学习先定心，因为负面能量太大时，胡乱释放出来可能连自己也承受不起，还容易影响别人。压抑是万万不能的，此案问题的源头正是压抑所致。

人不可能永远都有好心情，生活中既然有挫折、有烦恼，就会有消极的情绪。一个心理成熟的人，不是没有消极情绪的人，而是善于调节和控制自己情绪的人。怎样才能有效调节和控制情绪，不给社会和他人造成危害呢？不外乎从以下几个方面入手：首先，要提高个人的修养水平，使自己心胸开阔而有涵养。冲动绝不是解决矛盾的办法，只会使事情变得更糟。只有时刻保持一颗冷静的心，理性面对矛盾纠纷，才有可能使事情朝好的方向发展。其次，要善于与他人交流沟通，尤其是广交、善交朋友，及时释放化解自己的不良情绪。最后，要增强个人的法律意识，并把它作为防止情绪失控的安全阀。法律意识也只有在个人修养的基础上才能发挥更大的作用。因此，如果一个人思想狭隘，情感偏执而一意孤行，法律意识在他的心中也难有立足之地，关键时刻也就不可能发挥震慑和约束作用。

思考题

1. 你是如何处理自己的消极情绪的？

2. 在日常生活和工作中，我们如何运用情绪智能来有效应对压力和挑战，同时保持与他人的良好关系？

第三节 执法的温度

> 德礼为政教之本，刑罚为政教之用，犹昏晓阳秋相须而成者。
>
> ——《唐律疏议》

一切司法活动，包括立法、执法以及对犯罪的打击等，都是一种教育的过程，那么执法过程其实就是通过法律的强制力施加影响，以达到教育社会成员遵守法律的目的。既然法律是一种社会教育的手段，执法活动是一种教育的过程，那么，执法者的角色定位之一就是充当教育者。执法者的这种教育，既包括理论上的说服，也包括情感上的感化，尤其是情感的作用达到的是深层次的效果，所以执法人员在执法中，不仅要把自己扮成一种工具和符号，也要加入个人情感的积极成分，做到情、理、法相统一，以情动人，努力彰显法律的温情特征，体现执法的温度。

真诚打开心灵

罪犯张某成长在单亲家庭，由母亲抚养成人。自幼学习成绩较好，师范学校毕业后分配至北京某中学任教。因张某在工作期间行为表现异常，该校领导认为张某不宜与学生过多接触，遂将其调离教学岗位。张某对此怀恨在心，持刀袭击领导，企图杀人，被以故意杀人罪判处有期徒刑 11 年。

入监前两年，张某精神压力大，情绪不稳定，具有明显的焦虑烦躁感，缺乏团队精神与合作意识，偏执、抑郁等方面指数比正常指数高出 40% 左右，有一定的危险性。

分监区认真研究了张某的情况，认为张某有强烈的自卑心理，且家在农村，经济十分拮据，入狱后害怕与其他罪犯交往，以自我封闭来保护自己，以孤独对抗自卑。分监区据此确定了"以诱导提升人格，以引导改善心理，以关怀满足需求"三个工作重点，采取一系列措施打开他封闭的心灵。首先，发挥张某中学老师的文体特长，安排他参加各种集体活动；其次，定期与张某谈话，解开心结，重树自尊；最后，为张某创造良好的人际交流环境，改善了与其他罪犯的关系。在此基础上，又主动向监狱申请安排了张某与其母亲的团聚，向张母介绍了张某的进步和变化，不仅使张母了解了儿子的情况，也使张某受到了鼓舞，逐渐走出了心灵的阴影，开始走向了积极改造的光明人生之路，并在入监三年后获得了第一个"监狱改造积极分子"的奖励。

是"情"感动了他，还是"法"教育了他？应当说很大的成分是"情"感动了他，民警的执法有温度，让张某在情的感动中受到了法的教育，在法的教育中受到了情的感动。

监狱的任务是对罪犯实行惩罚和改造相结合、教育和劳动相结合的原则，将罪犯改造成守法公民。广大监狱民警在行刑理念、行刑方式、行刑目的上不断解放思想，更新观念。而作为罪犯，正确理解刑罚和改造，是投入正常改造的关键一步。只有从内心提高对改造的需求，才能从情感上真正接受改造，才能从内心与各种改造活动相呼应，才能起到四两拨千斤的效果。因此，改造同样需要情感付出，执法也要展示温度。

为了缓解罪犯被限制自由的思亲之痛，执法中还有许多人道主义法律与自律的规定，如保障罪犯依法通信和会见亲人等方面的权利等。但也有罪犯因为种种个人原因不符合相关规定，这时监狱方面会在法律许可的范围内向罪犯伸出热情的援助之手，向罪犯付出真诚的关切之心，力争达到法律效果与社会效果的最佳结合。

高龄父亲与服刑儿子面对面会见

2024 年，北京市某监狱狱政管理科收到罪犯刘某妻子的电话，告知刘某父亲脑梗严重，医院通知继续抢救治疗已无意义，让家人尽快为老人准备后事，老人最后的心愿是想再见儿子一面。此时，刘某余刑还有 11 年，不符合特许离监的基本条件，刘某父亲身体状况也不允许来监狱会见。6 月 4 日中午，老人状态突然见好，刘某妻子请求监狱考虑批准会见。狱政管理科一边与家属沟通刘某情况，一边向监狱请示是否能安排刘某与其父亲在监狱面对面会见。得知这一情况后，监狱长立即召开专题会，经过认真研判，决定可以安排面对面会见，不给罪犯和家庭留下遗憾。最终监狱民警周密部署，审批决定 6 月 5 日 7 点 30 分，组织罪犯刘某与其父亲、妻子、儿子面对面会见。

父子相见，或许是今生最后一面。监狱大门缓缓打开，刘某看到日思夜想的父亲，难掩悲伤。此时刘某父亲无力说话，只能尽全力摸着刘某的头，刘某妻子告诉他："咱爸最放不下的就是你，最后就想再见你一面，最大的愿望就是等你回去。"刘某听到这些，紧紧握住父亲的双手，难掩悲痛，大声告诉父亲："爸，你放心，我一定争取减刑，早日回家。"

会见结束后，刘某向监狱表示感谢："我还有 11 年，父亲都 90 岁了，原本以为这一辈子再也见不到父亲了，没想到监狱帮助我实现了这一愿望，让我更加坚定了改造信心，在今后的改造中我一定用扎扎实实的改造成果来回报亲人的等待和监狱的帮助，绝不让父亲和家人失望。"随即，刘某便投入生产劳动中。

"有困难，找民警"已成了罪犯和家属的共识。监狱民警依法依规为罪犯解决各种困难，真情帮助促和谐，执法既有力度又不失温度，赢得了罪犯的真心改造和家属的理解支持。但同时，作为罪犯及家属，应当积极配合民警工作，正确理解监规纪律，不提不合理的要求，即使有合理要求也要通过正当方式和程序提出和获得解决，这才叫合情合理。

问题解决了，则抱着感恩的心态来接受；问题没有解决，也不应该抱怨，要理解监狱民警工作，这才是感恩的全部意义。感恩同样是一种美好的感情，如果就此唤醒罪犯的某些沉睡的情感，自觉改造，则是对监狱和监狱民警的关心的最好回报。有温度的执法，融化了高墙内被禁锢的冰冷心灵，让罪犯的改造效果事半功倍。

一封求助信引发的特殊党日活动

某日，北京市某监狱教育科收到罪犯范某的一封求助信，范某在信中称自己入狱前有一非婚生子，名叫晓飞（化名）。在晓飞4周岁时，范某因多起抢劫、强奸罪，身获重刑，锒铛入狱。孩子的母亲远嫁他乡，失去音信，晓飞成了没有户口的孩子。现年已12岁的晓飞，因其黑户问题，在其即将升入初中时面临失学的可能。孩子的处境使范某日夜焦虑不安，无心改造。教育科与范某所在分监区沟通协调，决定以此为契机，通过走访的形式，开展有针对性的帮教工作，并作为一次特殊的党日活动主题。

在司法所同志的带领下，全体党员来到了晓飞家，看到晓飞因病丧失劳动能力的爷爷和独挑生活重担的奶奶，党员们心中有一种沉重的压抑感。此行前，因路途遥远，家境困难，范某长期处于不接见状态，对父母、孩子的牵挂，使范某寝食难安。支部的一名党员打开事先专门录制的范某的视频，请晓飞和爷爷、奶奶一起观看，看到爸爸久违的面孔，听见爸爸那略显陌生的声音，晓飞流下了晶莹的泪珠。他哽咽地对着录像镜头说："爸爸，我想去看你，我学习很好，爷爷对我也特别好……"归程前，支部党员们又以支部的名义为晓飞精心准备了全套的学习用具，微薄的礼物让晓飞感激不已。

后来，经过监狱和司法所的共同努力，使范某与多年未见的父母和孩子共同度过了一次美好的团聚日，在醒目的"让亲人更放心"标语下，晓飞及范某都展露出欢欣的笑容，他们对未来的光明前途充满了信心。

实践中，只要是对罪犯教育改造有利的事，监狱民警无不大力协助，社会各界也对罪犯伸出了热情援助之手，使罪犯深感高墙并没有隔绝他们与社会的情感联系，刑罚也没有使罪犯成为社会的弃儿。这种没有被抛弃的感觉，为罪犯打开了一条心灵通道，使罪犯始终抱有回归社会大家庭的希望，感受到来自狱内外的关心和温暖，倍加珍惜并更加努力改造。

思考题

1. 作为一名罪犯，你打算怎么做来回报民警的付出？
2. 作为一名罪犯，为了以后成功回归社会，应该怎么做？

推荐书目

1. 《政法笔记》，冯象，北京大学出版社 2012 年版。
2. 《冲动是魔鬼》，陈勇编著，当代世界出版社 2011 年版。

推荐电影

《以法之名》（2024 年），傅东育、郑世龙执导。

第七篇

理 性

　　法律知识的多少直接影响一个人的行为，一个人只有掌握了相应的法律知识，才知道行为的法律后果，才知道什么是可以做的、什么是禁止做的，才有可能养成依法办事的习惯。这就要求我们有"界限感"，尊重法律，遵守法律，在理性自觉基础上给予法律肯定和依恋。

【阅读提示】

1. 理解法律知识对个体行为的影响。

2. 培养"界限感"与法律意识。

3. 理解刑罚的教育性。

第一节 "不知道"就可"不担责"吗

不知法律不免责。

——法谚

法律面前人人平等。不论个人是否了解法律，都必须遵守法律规定。如果因为不了解法律而触犯了法律，仍旧要负法律责任。"不知法"并不能成为免除法律责任的借口。法律要求公民具备一定的法律意识，自觉遵守法律，而不是依赖是否知道具体的法律规定来决定责任的大小或有无。现代法治国家的法律都是面向社会公开的，而我们作为社会共同体成员则负有认识其所从事行为之领域的相关法律规范的义务。在获取信息如此便捷的时代，任何人都具备获得法律信息的现实可能性。法律如何评价行为人的行为，并不取决于行为人自身的主观认识，否则，任何犯罪都难以成立。实际上，"不知法律不免责"的合理根据在于刑法应当保护公民的合法权益和社会秩序。带有主观任意性的错误认识会导致刑法目的的落空，造成法律秩序的松弛和重要利益的损害。

上海杨某洲等非法经营案[1]

被告人杨某洲，外籍人士，在上海成立公司，经营范围为投资咨询、企业管理。2006 年 9 月 4 日至 2009 年 1 月 14 日期间，未经国家有关主管部门批准，通过

[1] 参见上海市高级人民法院（2010）沪高刑终字第 79 号刑事裁定书。

设立网站宣传、公司业务员随机拨打电话号码等方式，招揽客户从事外汇、黄金等保证金交易。其保证金交易具有集中交易、标准化合约交易、保证金收取比例低于合约标的额 20% 等特征。检方以杨某洲等非法经营期货业务，情节特别严重，构成非法经营罪，对其提起公诉。杨某洲辩称，保证金交易在中国境外不被禁止，其主观上并不明知所从事的保证金交易为中国法律所禁止，故其欠缺违法性认识，不具备非法经营的犯罪故意，应予宣告无罪。

作为外籍人士，杨某洲从事的交易行为是其国籍国及交易平台所在国法律均允许的合法经营行为，故其自认为在本国和他国合法的行为，在中国也是合法的辩解，似乎具有说服力。但其实，这一辩解既经不起常识、常情、常理的"三常"推敲，更没有任何证据予以支持。相反，大量已为证据证明的基础事实，足以推定杨某洲违法性认识的具备：一是从杨某洲的身份职业来看。杨某洲是在不同国家从事商业投资、开展商业活动的专业人士，在一国开展商业活动前，了解所在国的相关法律规定，尤其是严格的限制性规定和禁止性要求，无疑是一个职业商业人士的基本常识。二是从杨某洲公司的工商登记经营范围来看。依据公司登记国法律成立公司，按照公司证照登记的营业范围合法经营，是进行商业活动的最基本要求。杨某洲在我国成立的公司的法定经营范围是"投资咨询、企业管理"，其实际从事的境外期货保证金交易完全不在其法定经营范围之内，这是一个基本事实，也是最重要的基础事实。三是从杨某洲保存的文件资料来看。对于我国限制或者禁止此类交易的规范性法律文件，杨某洲不仅在其个人电脑里存有电子版，而且在其办公室抽屉内保存有纸质版。存储、打印这些法律规制文件，杨某洲难道也是不知情而为之？据此可以推定，杨某洲对于自己在中国违规开展期货保证金交易业务，系经过认真学习研究有备而来，并非毫无所知，杨某洲对其在本案中的行为具有违法性认识。至于杨某洲是否对其行为为《刑法》某个具体条文所禁止具有认识，则在所不论。正是基于此，杨某洲的辩解未被法院采纳，一审、二审判决均认定其成立非法经营罪。

　　由此可以看出，行为人的主观思想并非仅通过行为人的叙述和辩称来判定，声称"不知道"并非意味着实际"不知情"，实际"不知情"也并不等同于"不担责"。在司法实践中，判断行为人的主观思想似乎是很大的难题，但刑事推定和刑事推论早已为这一难题的解决提供了有效路径。因为推定是一种根据基础事实认定推定事实成立的方法。其中，基础事实的成立是认定推定事实成立的前提。推定事实的成立，并不是根据基础事实直接推导出来的结论，而是司法人员运用推定规则所作的法律认定。推论所依据的基础事实与其所得出的结论之间有必然的、合乎逻辑的因果关系，故其对推论事实的认定必须遵循证据裁判规则，不仅必须满足排除合理怀疑的证明标准，而且不会发生证明责任的转移。至于推论所适用的证据，既可是直接证据，也可是间接证据。

天津"气枪大妈"赵某华非法持有枪支案[1]

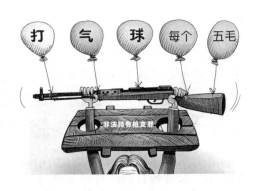

　　被告人赵某华于 2016 年 8 月至 10 月 12 日，在天津李公祠大街亲水平台附近摆射击摊位进行营利活动，10 月 12 日 22 时许，被公安机关巡查发现，当场查获涉案枪形物 9 支及相关枪支配件、塑料弹。经鉴定，涉案 9 支枪形物中的 6 支系以压缩气体为动力且能正常发射的枪支。一审法院以非法持有枪支罪判处赵某华有期徒刑 3 年 6 个月。赵某华不服，以其不知持有的是枪支，没有犯罪故意，行为不具有社会危害性，且量刑过重为由，提出上诉。二审法院没有采纳赵某华的上诉理由和辩护人的辩护意见，只是综合考虑赵某华非法持有的枪支均刚刚达到

―――――――――――

〔1〕　参见天津市第一中级人民法院（2017）津 01 刑终 41 号刑事判决书。

枪支认定标准，行为的社会危害相对较小，加之其非法持有枪支的目的是从事经营，主观恶性和人身危险性相对较低，最终以赵某华犯非法持有枪支罪，判处有期徒刑3年，缓刑3年。

我国是全面禁枪的国家，非依法律规定并经监管部门许可，任何人不得持有枪支，此系包括赵某华在内的生于中国长于中国的中国百姓的常识。正因如此，普通中国公民只要见到枪支，都会感到惊讶而多加留心究竟是玩具枪还是枪支，而不是习以为常、司空见惯地不问究竟。也正因如此，赵某华才能摆射击摊位谋生，才会有顾客愿意出钱，到其所摆摊位过过枪瘾。否则，仅凭几把玩具枪，赵某华还能摆摊招揽生意吗？顾客还能为几把随处可买的玩具枪而光顾其摊位，并心甘情愿地为了打玩具枪掏钱吗？当然不会。更为重要的是，赵某华的射击摊位和所持枪支是其花了2000多元，从上一位摊主处盘来的。有谁会为了9把玩具枪和打玩具枪的摊位，出如此离谱的高价？更何况，赵某华之所以摆摊，意在营利谋生，而玩具枪在我国随处可买，市场价格远比此低，赵某华对此亦完全明知。据此足可推定，赵某华对于自己违法持有枪支是有认识的。而赵某华虽然反证提出，其所持枪支杀伤力程度不高，有时连气球也打不破，且市场管理人员因其摆射击摊位而每月向其收400元管理费，既未告知违法更未阻止其摆摊，致其不可能明确认识自己持枪行为的违法性。但是，这并不会影响对其具有违法性认识的认定，因为违法性认识是概略认识，既包括行为人明知自己的行为必然违法，也包括行为人明知自己的行为可能违法，而市场管理人员并非违法性认识获知的官方途径，其告知、阻止与否，不能构成刑法上的抗辩事由。

可见，当对行为人的行为进行评价时，要坚持主观与客观的统一，在事实面前，当一个人妄图通过"不知道"来为自身的行为寻求合理性是行不通的，因为推定证明与证据裁判原则，都为我们合理评价认定行为提供了有效途径。

被告人隆某柒帮助信息网络犯罪活动案[1]

2021 年 4 月，被告人隆某柒通过微信与他人联系，明知对方系用于实施信息网络犯罪，仍商定以每张每月100 元的价格将自己的银行卡出租给对方使用。之后，隆某柒将其办理的 9 张银行

卡的账号、密码等信息提供给对方，其中 6 张银行卡被对方用于接收电信网络诈骗等犯罪资金，隆某柒获利共计 5000 余元。法院认为，被告人隆某柒明知他人利用信息网络实施犯罪，为他人提供帮助，其行为已构成帮助信息网络犯罪活动罪。该判决已发生法律效力。

赵某帮助信息网络犯罪活动案[2]

被告人赵某经营的网络科技有限公司的主营业务为第三方支付公司网络支付接口代理。赵某在明知申请支付接口需要提供商户营业执照、法人身份证等五证信息和网络商城备案域名，且明知非法代理的网络支付接口可能被用于犯罪资金走账和洗钱的情况下，仍通过事先购买的企业五证信息和假域名备案在第三方公司申请支付账号，以每个账号收取2000~3500 元不等的接口费将账号卖给他人，并收取该账号入金金额千分之三左右的分润。2016 年 11 月 17 日，被害人赵某被骗 600 万元。其中，被骗资金 50 万元经他人账户后转入在第三方某股份有限公司开户

---

〔1〕《人民法院依法惩治电信网络诈骗犯罪及其关联犯罪典型案例》，载 https://www.china-court.org/article/detail/2022/09/id/6899414.shtml，最后访问日期：2024 年 9 月 12 日。

〔2〕《非法利用信息网络罪、帮助信息网络犯罪活动罪典型案例》，载 https://www.court.gov.cn/zixun/xiangqing/193721.html，最后访问日期：2024 年 9 月 14 日。

的某贸易有限公司商户账号内流转，该商户账号由赵某通过上述方式代理。法院判决认为：被告人赵某明知他人利用信息网络实施犯罪，为其犯罪提供支付结算的帮助，其行为已构成帮助信息网络犯罪活动罪。该判决已发生法律效力。

帮助信息网络犯罪活动罪是 2015 年 11 月起施行的《刑法修正案（九）》新增罪名，主要指行为人明知他人利用信息网络实施犯罪，为其犯罪提供互联网接入、服务器托管、网络存储、通信传输等技术支持，或者提供广告推广、支付结算等帮助的犯罪行为，是电信网络犯罪的重要"帮凶"。成立帮助信息网络犯罪活动罪以"明知他人利用信息网络实施犯罪"为前提，很多行为人辩解他们对于"上家"做什么并不清楚，但并非行为人说自己不清楚就不能认定为"明知"。有下列情形时可能会被认定为"明知"：（1）交易价格或者方式明显异常的；（2）频繁采用隐蔽上网、加密通信、销毁数据等措施或者使用虚假身份，逃避监管或者规避调查的；（3）跨省或多人结伙批量办理、收购、贩卖银行卡、手机卡；（4）出租、出售的银行卡、手机卡因涉嫌诈骗、洗钱等违法犯罪被冻结，又帮助解冻，或者注销旧卡、办理新卡，继续出租、出售。

出租银行卡、电话卡等行为看似"无害"，却是电信诈骗等网络犯罪的重要"帮凶"。在生活中，当听到下列话术时要提高警惕："用你的银行卡跑跑分、冲业绩""我的征信有问题办不了银行卡，借你的用用""不管你征信如何，把你银行卡给我，我都能帮忙给你贷款"，不要将自己的银行卡、手机卡、身份证等出租、出售给他人，如果发现有收卡、卖卡行为的，应及时向公安机关举报。千万不要因贪图蝇头小利而触犯法律底线，以免给自己和家人造成无可挽回的后果。不"擦边"，不"侥幸"，才能收获更加幸福美好的一生。这也是建设中国特色社会主义法治国家的重要内容。

思考题

1. 在 ATM 取款时，取出明显超过余额的钱款并当日立即挥霍，是否构成犯罪?

2. 在数字化时代，如何提高自己防诈骗的意识?

第二节　违法与犯罪的界限

勿以恶小而为之，勿以善小而不为。

——《三国志·蜀书·先主传》

法律是道德的最后一道防线，只要是一个具有刑事责任能力的人，就应该能很清楚地了解自己的行为是否得当，是否会触犯法律，做事有"界限感"，以此来约束自身行为，避免违法犯罪。

张某代替考试案[1]

2021 年 5 月 29 日 9 时，二级建造师执业资格考试在兰州市安宁区某大学进行。考场内，待考生全部落座后，监考人员逐一查验考生身份。当查看到张

某时，监考人员发现，虽然张某本人与其所持的准考证照片上的人均戴了眼镜，但仔细观察，二人样貌并不一样。经过再三比对，监考人员发现张某与其所持证件上的人并不是同一人，遂将张某带到考务办公室进一步核实。在考务办监考人员与巡考人员的询问下，张某说出了其代替他人考试的事实。

原来，张某与赵某系朋友关系。赵某为了包揽工程，在 2021 年 3

---

[1]《代替考试要承担刑事责任　检察官：诚信对待考试　切忌以身试法》，载 https://www.gansudaily.com.cn/，最后访问日期：2024 年 9 月 13 日。

月报名了二级建造师执业资格考试，因为担心自己无法通过该考试，便想到好朋友张某。赵某认为张某学习比自己好，而且张某之前已经通过了建造师执业资格考试，便请张某代替考试。张某碍于朋友情面没有过多考虑就答应了。考试前一天，赵某托人将自己的身份证、准考证、住宿费、车费及一副眼镜交给了张某。考试当天，张某戴上了赵某为其准备的眼镜，并持赵某的身份证及准考证，前往兰州市安宁区某大学考场内代替赵某参加考试，没想到在查验身份时被监考人员当场识破。

经过审查，张某代替赵某参加法律规定的国家考试，其二人的行为均已触犯《刑法》第284条之一第4款的规定，犯罪事实清楚，证据确实充分，应当以代替考试罪追究二人的刑事责任。但鉴于本案系在进入考场后开始答题前被发现，系犯罪未遂；赵某案发后主动投案自首；张某、赵某均系初犯，到案后均能真诚悔罪、自愿认罪认罚。经过公开听证多方同意，为落实少捕、慎诉、慎押刑事司法政策，兰州市安宁区人民检察院根据相关法律规定，对张某、赵某作出了从宽处理决定。

代替考试罪是《刑法修正案（九）》新增加的罪名，是指具备刑事责任能力的自然人代替他人或者让他人代替自己参加法律规定的国家考试，破坏国家考试制度，损害其他考生公平竞争权利的行为。代替考试罪的犯罪主体包括应试者、替考者（俗称"枪手"）、介绍人。根据共同犯罪理论，应试者、替考者、介绍人均构成代替考试罪。

由"替考入刑"我们可以看出，法律在调整人们社会行为时的态度变化，会直接影响行为人的行为性质，以及为此行为所要担负的法律责任。这已经不单单是知晓不能杀人、抢劫、强奸这样妇孺皆知的生活常识，就能确保行为合法的问题了。因此，我们得出的最为直接的结论就是，生活在现代社会就必须时刻关注与了解法律规定，尤其是法律变化，从而明确合法行为与违法、犯罪行为的界限，更好地约束自身行为，知法才能守法，这是确保行为合法的前提与基础。

有人会问，我也知道自己的做法不符合法律规定，但没想到是犯罪，怎么判断违法与犯罪行为之间的区别呢？也就是说，在违法与犯罪之间，是否有界限可循？这个标尺是什么？

违法好理解，只要行为违反了现行法律规定，就是违法的。违反民事、经济法律规定的，属于民事违法行为；违反行政法律规定的，属于行政违法行为。只有违反刑事法律规定的，才是犯罪行为。

但是，在日常生活中，我们并不能随时随地查找法条与规定，又如何比较准确地判断该行为可能是犯罪呢？通常情况下，《刑法》规定为犯罪的行为，有一个共同的特点就是社会危害性较大。所谓社会危害性，就是行为对刑法所保护的社会关系造成或可能造成这样或那样损害的特性。这种危害的对象与内容主要包括他人的生命、人身自由、身体、名誉荣誉、财产、国家安全、社会秩序等。如果某行为根本没有社会危害性，没有危害社会与他人，就不是犯罪。还有的行为虽然也有社会危害性，但情节显著轻微、危害不大，也不认为是犯罪。比如，两人吵架，动手了，都把对方打得鼻青脸肿的，但只是轻微伤而已，就应当批评教育或给予必要的处分，而不能当成故意伤害罪来定性处理。

可见，行为仅具有社会危害性是不够的，还必须达到一定程度。但有人也许还有疑问，我的行为并没有造成危害结果，怎么还是犯罪呢？我们以醉酒驾车为例，一个人喝醉了酒驾车上路，刚开了一会就被警察拦下，测出是醉酒后被认定为危险驾驶罪。在这期间，并未造成任何交通事故，何以定罪？这就涉及一个行为危险性的问题。虽然当下行为并未造成实质损害，但是这样的行为足以造成不特定的人身、财产损毁的危险，具有社会危害性，理当定罪处罚。这是法律对公众生命与财产安全的保护，也是对每个人负责的态度。

影响社会危害性大小的相关因素[1]

社会危害性的轻重大小主要决定于以下几个方面：

---

[1] 高铭暄、马克昌主编：《刑法学》，北京大学出版社 2005 年版，第 47~48 页。

（1）行为侵犯的客体，即行为侵犯了什么样的社会关系。例如，危害国家安全罪侵犯的是国家安全，即国家主权、国家领土的完整和安全以及国家政权的稳定。因此，危害国家安全罪比其他犯罪的社会危害性更大。放火罪、爆炸罪危害的是公共安全，即广大人民生命财产安全，社会危害性也很大。故意杀人罪危害的是人的生命，故意伤害罪危害的是人的健康，二者的社会危害性就有所不同。

（2）行为的方式、手段、后果以及时间、地点。犯罪的手段是否凶狠，是否残忍、是否使用暴力，在很大程度上决定着社会危害性。例如，抢劫公私财物就比盗窃公私财物的危害性严重；杀人后碎尸就比一般故意杀人更为恶劣。危害后果是决定社会危害程度的重要标准。例如，盗窃500元与盗窃1万元、杀死一人与杀死数人，其社会危害程度显然是不同的。战时犯罪与平时犯罪，社会危害性也不一样。在自然灾害（如火灾、水灾、震灾）发生的时刻趁机作案，社会危害性更为严重。

（3）行为人的一些主观因素。如故意还是过失；有预谋还是没有预谋；动机、目的是否卑劣。这些情况，在社会心理上的影响是不同的。所以，它们也决定着社会危害性的轻重。

可见，行为危害性是不以必须出现损害结果为前提的。我们判断自身行为合法与否，要看法律是否规定允许这样做，而判断这个行为是一般违法行为还是犯罪，掂量一下行为可能产生的伤及他人或社会的危害性就会心中有数。

但值得注意的是，在我国《刑法》中还规定了两类免罪情形，也就是说，这样的行为即使符合社会危害性的定义，也不认为是犯罪。一个是正当防卫，另一个是紧急避险。

我国《刑法》第20条第1款规定："为了使国家、公共利益、本人或者他人的人身、财产和其他权利免受正在进行的不法侵害，而采取的制止不法侵害的行为，对不法侵害人造成损害的，属于正当防卫，不负刑事责任。"《刑法》第20条第2款规定，正当防卫明显超过必要限度造成重大损害的，应当负刑事责任，但是应当减轻或者免除处罚。由于受害人面对不法侵害时会产生恐慌情绪，很难控制行为的限度，因此，《刑法》第20条第3款还规定，对正在进行行凶、杀人、抢劫、强奸、绑架以及其他严重危害人身安全的暴力犯罪，采取防卫行为，造成不法侵害人伤亡的，不属于防卫过当，不负刑事责任。

紧急避险则是为了使国家、公共利益、本人或者他人的人身、财产和其他权利免受正在发生的危险，不得已采取的行为。由此造成损害的，法律规定不负刑事责任。对于紧急避险超过必要限度造成不应有的伤害的，也要负刑事责任，同样会减轻或者免除处罚。这里"避免本人危险"的规定，并不适用于职务上、业务上负有特定责任的人，如警察、消防队员等。

犯罪行为还有一个判别标准是行为具有"应受刑罚处罚性"。也就是说，行为人承担民事责任或受到行政制裁，则属于一般违法行为。一旦行为人被判刑，就说明他肯定是犯罪了，这个好理解，在此不再赘述。

当然，以上三个判别标准都是我们在一般意义上说的。《刑法》规定中关于刑事责任能力不完全的精神病人、部分未成年人、生理醉酒人等的行为定性，还有特殊规定，另当别论。明确了这三个判断标准，对于合法行为、违法行为与犯罪行为的界限，就有了较为明晰的认识，行动上就要更加谨慎、更有克制力，不越"雷池"半步，遵纪守法，幸福平安就会伴随一生。

思考题

1. 从建筑物或其他高空抛掷物品，是否构成犯罪？

2. 是否存在因情节发展变化导致违法行为成为犯罪行为的情况？请举例说明。

第三节　报应与预防的双重奏

> 法者，所以兴功惧暴也；律者，所以定分止争也；令者，
> 所以令人知事也。
>
> ——《管子·七臣七主》

先有犯罪发生，后有社会反应。这一反应自古以来被冠以"刑罚"之名。在传统意义上，刑罚是依照法律对犯罪分子适用的特殊制裁方法，而报应与预防是刑罚的两种基本目的，用于表现国家对犯罪分子及其行为的否定评价，并起到改造罪犯、保护社会和警醒世人的作用。

早期的人们认为刑罚是犯罪之必然结果，通过实现"恶有恶报"的报应规律来满足民众的社会公正感。也就是所谓的刑罚的目的在于报应。到了中世纪，人们更是将这种报应观念神学化，认为犯罪是违反了神的命令或上天的旨意，国家对犯罪人适用刑罚是秉承神意给予报应。报应论是将犯罪视为基于个人的自由意志所选择的产物，刑罚则是令犯罪人承担对自己犯罪行为的责任，而这种痛苦根据社会伦理信念，是犯罪者"应得的"。而我们的刑法过去是、现在仍然是按照报应惩罚的理念构建的。

与报应理论并行发展的是预防说，随着实证主义法学学派的兴起，人们开始意识到犯罪不仅是个人的问题，而且受到社会、环境、生理等各种因素的影响。因此，惩罚一个特定的犯罪人不仅是出于报应的本能反应，同时具有矫正、教育和预防等作用，即认为刑罚的目的在于预防将来再次犯罪。预防的主体既包括惩罚与教育改造犯罪人个体的特殊预防，更包括对社会人群产生威慑的一般预防。这点从我国历朝历代统治者青睐于将犯重罪者"斩首示众，以儆效尤"，就可窥见一斑。这也让人们意识到，刑罚对犯罪人施加影响可以起到功利性的犯罪预防效果，

与此同时，还可以对尚未犯罪的大众传达出一种目的性思想而使大众不去走上犯罪的道路。

一般预防

一般预防，是指通过对犯罪人适用一定的刑罚，对社会上的其他人，主要是指那些潜在的犯罪人产生的阻止其犯罪的作用。一般预防的核心是威吓，威吓是借助刑罚性对社会成员产生的一种威慑阻吓效应。古代社会刑罚威吓是建立在恐怖之上的，并以人的肉体为祭品，这是一种感性的威吓。以恐怖为特征的刑罚威吓是专制社会的特征。当各种专制社会需要以恐怖来维持的时候，刑罚就成为制造恐怖的工具。

以肉体威吓为特征的专制社会刑罚的一般预防目的，在18世纪经由启蒙运动的努力，导致以心理威吓最高判死刑为特征的市民社会刑罚的一般预防理念的建立。其中，费尔巴哈的心理强制说最为著名。

费尔巴哈提出了用法律进行威吓这句名言，认为为了防止犯罪，必须抑制行为人感性的冲动，即科处作为恶性侵害的刑罚，并使人们预先知道因犯罪而受刑的痛苦，大于因犯罪所能得到的快乐，才能抑制其心理萌发犯罪的意念。在费尔巴哈的心理强制说之后，又发展出追求多元的一般预防作用的多元遏制论和以忠诚为内容的积极的一般预防论。我国在经历了一系列法治建设后，对于刑法的一般预防与特殊预防作用的认识愈加深入，关于刑罚目的的理论与实践也愈加丰富完善。

刑法修正案带来的转变[1]

《刑法修正案（八）》是自《刑法》实施以来，规模较大的一次修改。其对刑罚结构、刑罚内容和执行方式的调整，体现了对刑罚目的

---

[1] 武法：《刑法修正案的理念转变：从重刑主义到宽严相济》，载《政府法制》2011年第21期。

认识的新发展。《刑法修正案（八）》更强调刑罚的特殊预防目的的实践理性立场，对刑罚执行方式进行了适当调整，体现在：（1）实行社区矫正。第一次将社区矫正的内容规定到刑法中，明确规定了社区矫正的适用对象，是我国社区矫正制度确立的一个重要标志。（2）增设禁止令的规定。首次规定可以由法院对犯罪人下达禁止令，这是刑罚个别化的一种典型表现。

《刑法修正案（九）》是自1997《刑法》实施以来最大的一次修改。其进一步完善了刑罚结构和刑罚执行制度：增设职业禁止制度，对因职业便利实施犯罪的行为人剥夺一定时期从事有关职业的资格；修改完善罚金减免、变更缴纳制度，增加延期缴纳；增加终身监禁制度；完善数罪判处不同刑种的执行制度，规定"数罪中有判处有期徒刑和拘役的，执行有期徒刑。数罪中有判处有期徒刑和管制，或者拘役和管制的，有期徒刑、拘役执行完毕后，管制仍须执行"。

从一般预防到特殊预防，立足于刑法的规范性和预期导向性，主张通过刑罚设定，培养国民的法律意识，提升国民的法律素养，强化对国民行为的规范和预期引导，反对把人本身作为刑罚的对象，反对通过对人本身进行威逼恐吓来达到刑罚的目的。

从一般预防到特殊预防，立足于建立国家和国民的相互信任关系，强调通过刑罚适用，对特殊的人即犯罪人适用刑罚，达到对犯罪个体可能再犯罪的预防，从而保障国民的权利，主张从人性出发、从犯罪心理学的角度来研究刑罚、设定刑罚、适用刑罚、评估刑罚的效果，建立起一体认同的相互信任的社会心理，相信并期待自己的国民实施的行为应该是合法行为，强调刑法的人权保障功能，体现"宁可错放，不可错判"的刑法权利保障观念。

刑罚承载着多种功能，以惩罚与威慑为基础，现代刑罚更重视教育与矫正功能。通过各种监禁制度与教育体系，帮助犯罪者改过自新，顺利回归社会。中华人民共和国自成立以来，就十分重视对犯了罪的人开展形式丰富、体系完备的教育矫治工作，力图将刑罚的教育功能发挥到最大化，帮助服刑者树立守法意识，完善社会人格，最终健康地回归社会。

刑罚的教育性

刑罚不仅是对犯罪人员的一定权利和利益的剥夺，还表明国家对犯罪人员及其行为的否定的评价，并且从道义上谴责犯罪人员，这对于犯罪人员以及其他人都寓有教育的意蕴。因此，教育也是刑罚的内在属性之一。

教育作为刑罚的属性，在历史演变过程中，在各个时期的刑罚中所占的比重及其表现方式是有所不同的。在中国的蒙昧时代和西方的复仇时代，刑罚的惩罚性居于核心地位，刑罚的教育性是微乎其微的。在西方的威吓时代，刑罚的教育性主要表现为用残酷的刑罚进行恫吓。当然，与此同时，中国和西方历史上主张发挥刑罚的感化作用的思想家也不乏其人。显然，与恫吓相比，感化与我们现在所说的教育，距离更为接近。及至近代西方教育刑兴起，更是将教育视为刑罚的本质特征。应该说，教育因素在刑罚属性中的地位加强，正是刑罚进化的必然结果。

我国刑罚特别重视刑罚的教育性。它通过对犯罪的谴责，使犯罪人员认罪服法，在思想上受到深刻的教育。因此，如果没有教育这一因素，刑罚同样不能称为刑罚。而且可以肯定，随着社会进步、文化发展，刑罚中的教育性这一属性将在我国刑罚中占越来越重要的地位。

明确了刑罚的目的后，一个问题也随之而来，与此目的相适应，该适用什么样的刑罚来实现人们预期的矫正目标呢？

从内容上看，随着人类社会的发展与进步，刑罚的手段与内容越来越完善与趋于文明。体系与种类大同小异，在没有废除死刑的国家，以我国为例，会划分为自由刑（以限制与剥夺自由为惩罚内容）与生命刑（剥夺生命）两大类，其中自由刑又划分为管制、拘役、有期徒刑与无期徒刑四类，死刑分为死刑缓期两年执行与死刑立即执行两类。犯罪嫌疑人被定罪后，具体该判处哪类刑罚，则需要根据他的罪行轻重与一系列量刑情节，由法官依法作出裁判。

从刑种类型所占比重与实际判例数量来看，自由刑占了绝大多数，也就是说，以限制或者一定期限内剥夺犯罪者的人身自由为代价，再辅以各种针对性的矫治措施，构成了现当代世界各国刑罚制度的主要内容，也是人类社会较高文明进步程度的折射与反映。

刑法修正案解读：刑罚结构的调整

"《刑法修正案（八）》通过之前我国刑法的刑罚结构，有学者将其概括为'死刑过重，生刑过轻'。"即死刑的罪名较多，自由刑刑期的规定较短，而减刑、假释的运用使犯罪人实际服刑的时间更短，从较短的刑期到突然的死刑，中间间隔缝隙太大，有"断裂"的感觉。

为此，《刑法修正案（八）》限制死刑适用，取消了13个非暴力犯罪的死刑；严格限制死缓罪犯的减刑；延长被判处死缓、无期徒刑罪犯减刑后的最低实际服刑期，将无期徒刑实际执行的最短期限延长了3年，无期徒刑减刑后的实际执行期限不能少于13年，被判处无期徒刑的犯罪分子实际执行13年以上方可假释，被判处死缓的减刑后的最低服刑期限改为25年以下；适当提高数罪并罚的刑期，如果数罪的总和刑期不满35年，数罪并罚最高不能超过20年，而总和刑期在35年以上（包括本数）的，数罪并罚最高不能超过25年。

值得注意的是，《刑法修正案（八）》在取消13个死刑罪名的同时，还增加了一些相关的犯罪或者降低了其中一些犯罪的入罪门槛，体现了"严而不厉"的刑事政策思想：在取消两个发票犯罪罪名死刑规定的同时，新增了虚开普通发票罪和持有伪造的发票罪两个罪名；在取消盗窃罪死刑规定的同时降低了其入罪标准，以前只是盗窃数额较大或多次盗窃的才构成盗窃罪，此次将入户盗窃、携带凶器盗窃、扒窃的情形也作为盗窃罪认定；在取消 3 个走私犯罪罪名死刑规定的同时，将一年内曾因走私被给予两次行政处罚后又走私的行为作为走私犯罪（走私普通货物、物品罪）来处理。

另外，《刑法修正案（八）》还对被判处死缓的累犯以及因故意杀人、强奸、抢劫、绑架、放火、爆炸、投放危险物质或者有组织的暴力性犯罪而被判处死缓的犯罪分子减为无期徒刑或者 25 年有期徒刑后的实际服刑期限进行了限制，即对于这两类死缓犯，人民法院根据犯罪情节等情况可以同时决定对其限制减刑。如果法院决定对其限制减刑，那么这两类死缓犯在两年考验期满后减为无期徒刑的，即使再减刑，其实际执行的刑期也不能少于 25 年；而在两年考验期满后减为 25 年有期徒刑的，即使再减刑，其实际执行的刑期也不能少于 20 年。"这种规定既体现出对累犯及严重的暴力性犯罪的惩罚力度，又与上述有期徒刑、无期徒刑实际执行期限的延长相适应。"

《刑法修正案（九）》进一步落实宽严相济的刑事政策：限制死刑适用，取消了 9 个罪名的死刑，提高死缓执行死刑的门槛，将原来死缓期间故意犯罪提高到"故意犯罪，情节恶劣"；完善数罪并罚制度，对有期徒刑与管制、拘役与管制数罪并罚采取并科原则；加大对恐怖主义、极端主义的惩治力度：针对恐怖主义、极端主义犯罪采取预防性立法，将重大法益保护前置，增设准备实施恐怖活动罪，宣扬恐怖主义、极端主义、煽动实施恐怖活动罪，利用极端主义破坏法律实施罪，强制穿戴宣扬恐怖主义、极端主义服饰、标志罪以及非法持有宣扬恐怖主义、极端主义物品罪等罪名；同时针对网络犯罪的隐蔽性和广泛传播性，将违法利用信息网络等传统犯罪的预备行为正犯化，增设帮助信息网络犯罪活动罪、增加规定非法利用信息网络罪等罪名，进一步完善网络犯罪的刑法规制，同时针对利用信息网络实施侮辱、诽谤犯罪被害人举证有困难的，增加规定人民法院可以要求公安机关协助。需要注意的是，虽有 8 个犯罪取消死刑，但在法律上还留有余地，可以与其他犯罪数罪并罚判处死刑。

《刑法修正案（十一）》是近年来社会关注度最高的一次修改。在完善安全生产犯罪规定方面，增加了危险作业罪，对具有导致严重后果发生的现实危险的，多发易发的安全生产违法违规情形追究刑事责任；加重非法吸收公众存款罪刑罚，对非法吸收公众存款罪增加了一档"十年以上有期徒刑"的刑罚；修改洗钱罪，明确自洗钱单独定罪；修改完善妨害社会管理秩序相关犯罪，增加高空抛物罪，冒名顶替罪，侵害英雄烈士名誉、荣誉罪，组织参与国（境）外赌博罪。

针对行贿人"围猎"污染政治生态这一突出问题，《刑法修正案（十二）》进一步明确规定对一些严重行贿情形加大刑事追责力度。修正案将单位行贿罪刑罚由原来最高判处"五年有期徒刑"的一档刑罚，修改为"三年以下有期徒刑或者拘役，并处罚金"和"三年以上十年以下有期徒刑，并处罚金"两档刑罚。同时加大对单位受贿、对单位行贿犯罪的惩处力度，将单位受贿罪的刑罚由原来最高判处"五年有期徒刑"的一档刑罚，修改为"三年以下有期徒刑或者拘役"和"三年以上十年以下有期徒刑"两档刑罚；在对单位行贿罪中，增加一档"三年以上七年以下有期徒刑，并处罚金"的刑罚。

总之，法律知识的多少直接影响一个人的行为，一个人只有掌握了相应的法律知识，才知道行为的法律后果，才知道什么是可以做的、什么是禁止做的，才有可能养成依法办事的习惯。没有对现代法律的科学认识就不可能产生对法律的感情和尊敬，即使在实际生活中守法，也只不过是一种盲从，是基于对法的不了解而产生的消极恐惧的感情，而不是理性自觉基础上对法的肯定和遵从。同时，应建立法律的信仰观。美国著名法学家伯尔曼曾言："没有信仰的法律将退化成为僵死的教条。"每一个人都必须让法律融入生命之中，认识到法律就是自己生活的一部分，进而自觉地把法律当作自己的生活方式。

思考题

1. 发挥刑罚的教育性功能主要体现在哪些方面?

2. 在现代社会中,应如何平衡报应与预防的刑罚目的,以确保刑罚的公正性、有效性和人道性?

推荐书目

《想点大事:法律是种思维方式》,刘晗,上海交通大学出版社2020年版。

推荐电影

《平安中国之守护者》(2021年),孟纪原执导。

第八篇

责 任

　　责任是什么？这是一个人不得不做的事或一个人必须承担的事情。责任无处不在，如社会责任、家庭责任等。我们在社会中生存，必然要承担并履行一定的责任。如果不履行这些责任，就会受到道德谴责和良心拷问，甚至会受到制度的惩处和法律的追究。法律追究有多种，其中责任人承担法律责任是法律追究的一种重要表现形式。什么是法律责任、承担什么样的法律责任、怎样承担法律责任等，都是我们在面对法律责任时需要明确的内容。

【阅读提示】

1. 理解责任的基本概念与种类。
2. 探讨法律责任的概念、类型及承担方式。
3. 理解承担法律责任的意义与后果。

第一节　种瓜得瓜，种豆得豆

没有无义务的权利，也没有无权利的义务。

——马克思

就像离不开工具的使用用途去讨论工具的意义一样，我们了解一个词的含义，也离不开该词的使用语境。为此，我们这里不从字典里细抠责任是什么，而是从日常法律语言中来了解到底什么是法律责任。

在我国《民法典》中，标题为"民事责任"的第八章，详细规定了民事责任及承担方式，在第176条即规定："民事主体依照法律规定或者按照当事人约定，履行民事义务，承担民事责任。"又如，在《环境保护法》里，第六章标题为"法律责任"，其主要内容为违反本法规所要承担的责任和接受的各种处罚。在《刑法》条文中，责任一般具有处罚、责罚的含义。从以上的法律条文可以看出，在多数法律语境里，法律责任主要是指行为人因违反了法定义务或契约义务所应承担的不利的法律后果。[1]俗语说"种瓜得瓜，种豆得豆"，算是对法律责任的一种较为通俗的解释，只有担当起了"种瓜"和"种豆"的责任，我们才能收获"豆"和"瓜"。我们种得越多，那么得到的"豆"和"瓜"越多，对责任人来说就是一种遵守法律责任的回报。

---

〔1〕 有时候行为人不一定就是承担责任人，比如，监护人需要承担被监护人的行为所造成的法律后果；有时候合法的行为也会承担法律责任，比如，正当防卫或紧急避险在某些情况下可能就需要承担适当的法律责任。这里法律责任的概念，涵盖了大部分常见的法律情况，但并不适用于解释所有的法律事实。

某公司销售有害保健品　相关责任人被判担责[1]

被告人习某于 2001 年注册成立了北京阳光一佰生物技术开发有限公司（以下简称阳光一佰公司），系公司的实际生产经营负责人。自 2010 年以来，该公司从谭某处以 600 元/公斤的价格购进生产保健食品的原料，该原料系谭某从被告人尹某处以 2500 元/公斤的价格购进后进行加工。该公司购进原料后加工制作成用于辅助降血糖的保健食品阳光一佰牌山芪参胶囊，以每盒 100 元左右的价格销售至全国多个地区的保健品店。杨某具体负责生产，钟某、王某负责销售。2012 年 5 月至 9 月，销往上海、湖南、北京等地的山芪参胶囊分别被检测出含有盐酸丁二胍，食品药品监督管理部门将检测结果告知阳光一佰公司及习某。习某在得知检测结果后随即告知谭某、尹某，谭某、尹某在得知检测结果后继续向习某销售该原料。习某明知其所生产、销售的保健品中含有盐酸丁二胍后，仍然继续向谭某、尹某购买原料，组织杨某、钟某、王某等人生产山芪参胶囊并销售。

盐酸丁二胍是丁二胍的盐酸盐。目前，盐酸丁二胍未获得国务院药品监督管理部门批准生产或进口，不得作为药物在我国生产、销售和使用。扬州大学医学院葛晓群教授出具的专家意见和南京医科大学司法鉴定所的鉴定意见证明：盐酸丁二胍具有降低血糖的作用，但很早就撤出我国市场，长期使用添加盐酸丁二胍的保健食品可能对机体产生不良影响，甚至危及生命。

2014 年 1 月 10 日，江苏省扬州市广陵区人民法院一审判决被告单位阳光一佰公司及被告人习某、尹某、谭某、杨某、钟某、王某分别被判处刑罚。宣判后被告单位和被告人均提出上诉。二审认为一审判决认定事实清楚，适用法律正确，程序合法，驳回上诉，维持原判。

---

[1]　参见江苏省扬州市中级人民法院（2014）扬刑二终字第 0032 号刑事裁定书。

这是一起典型的相关责任人承担法律后果的案例。我国《刑法》第 144 条规定，"在生产、销售的食品中掺入有毒、有害的非食品原料的，或者销售明知掺有有毒、有害的非食品原料的食品的，处五年以下有期徒刑，并处罚金；对人体健康造成严重危害或者有其他严重情节的，处五年以上十年以下有期徒刑，并处罚金；致人死亡或者有其他特别严重情节的，依照本法第 141 条的规定处罚"。阳光一佰牌山芪参胶囊作为该公司销售的一种产品，如果存在对人体健康有损害的成分，该公司及相关责任人就必须承担相应的责任，并且该公司相关责任人在得知自己生产的保健品存在盐酸丁二胍后没有采取补救行为，反而继续生产该保健品，该公司相关责任人没有尽到自己应尽的责任，所以必须承担由于自己的错误所造成的法律后果。

与道德责任等其他社会责任相比，法律责任有自己的特点。其中一个最重要的特点就是，所有的法律责任都是由法律条文明确规定的，这种规定必须经过严格的立法程序才能有效。并且，法律责任的认定过程，必须严格按照法律规定的条文去执行。常说的"法无明文规定不为罪""法无明文规定不处罚"即是这个道理。这主要是因为法律责任是对人各种权益的限制或剥夺，对人的权益有较大影响，只有在法律条文中严格限制法律责任及其应用，才能最大限度地保障公民的合法权益。

见死不救　法院判无责[1]

2018 年 7 月，吉林省通化市人谢某邀朋友至浑江游泳，谢某先下水，朋友李某接着下水，其他三人不会游泳，没有下水。李某下水后，发现河水混浊，不适合游泳，呼唤谢某往回游，随即游向岸边。李某上岸后，几人发现谢某不见踪影，向江中渔船求救并报警，但没能救回谢某。谢

---

[1] 赵嘉雯：《【民法典】见死不救，违法吗？》，载通化县人民法院公众号，最后访问日期：2024 年 8 月 16 日。

某死亡后，谢某家属认为岸上四人没有下水搜救，对谢某的溺亡有不可推卸的责任，要求赔偿丧葬费 9217.65 元、被扶养人生活费 30 076.5 元、死亡赔偿金 169 914 元、精神损失 30 000 元，合计 239 208.15 元。

法院经审理后认为，谢某等五人结伴去野外游泳，因为游玩在五人之间产生结伴互助的依赖和信赖，具有临时互助团体的共同利益，但该五人之间并不存在管理与被管理的关系，相互之间并无安全保障义务。因此，五人之间既无合同上的约束关系，也无法律上的监护义务，李某等四人对谢某的死亡原则上不承担责任。谢某作为完全民事行为能力人，应当具有准确识别危险和辨认风险的能力，且李某等四人向江面的渔船进行了呼救，同时拨打了报警电话，已经尽到了相关救助义务，不应再承担赔偿责任。故法院对谢某家属的诉讼请求不予支持。

从法律上讲，"见死不救"在一般情况下不构成犯罪，除非有救助能力而不救助，达到情节严重或情节恶劣的情况。"见义勇为"和"见死不救"均是道德指标，当落实到法律条文时，因为严格的规定，可能会显得不近人情，难以接受；但社会不乏见义勇为之人，所谓见义勇为，是指在没有法定或约定义务的前提下，为保护他人的人身、财产权益，制止各种侵权行为、意外事件的救助行为。《民法典》第 184 条规定："因自愿实施紧急救助行为造成受助人损害的，救助人不承担民事责任。"该法条继承了 2017 年颁布的《民法总则》同款法条，旨在保护见义勇为者的合法权益，为社会上的见义勇为行为提供保障。但事实上，见义勇为有风险，我们不应提倡一个不善游泳的人跳河救人，也不应提倡一个小孩子去阻拦抢劫。在力有不逮的情况下，"见死不救"也是在保护我们每个人的合法权益。

既然法律责任是由法律明文规定的，那么法律上所规定的法律责任有哪些呢？法律研究者按照不同的分类标准把法律责任分成不同的类型，但在法律实践中，按照行为人所违反的法律性质为标准来划分是最常见的分类方法。按此标准，可以把法律责任分为民事责任、刑事责任、行政责任和违宪责任。民事责任是指因为侵犯了他人权益，或者因为特殊法律事实的产生，责任人所应负担的给予赔偿或补偿责任。刑事责任是指因刑事违法行为而受刑罚处罚的法律责任。行政责任是指因行政违法行为而应承担的法律责任。违宪责任是指因违反宪法而应承担的法律责任。下面举一个例子来具体说明民事责任、行政责任和刑事责任。

你在商场买了一件名牌衣服，拿回家后发现是假货，你可以直接找到商家进行维权。如果商家满足了你的要求，双方经过协商达成一致，事情得到圆满解决。这个时候，商家承担的是一种义务，法律起到的是一种威慑作用。如果双方未达成一致，你可以起诉商家，提起民事诉讼要求商家赔偿。如果发现这里面存在欺诈行为，你还可以要求商家双倍赔偿。经法院的取证调查，认定你所起诉的事实证据确凿，那么法院就会依据相关的法律规定，判定商家必须赔偿相应的损失。在这里，商家担负的这种赔偿损失的责任，是依据相应的法律条文、经过一定的法律程序所确定的责任，是为了保护、救济你的民事权利而要求商家承担的一种民事责任。当然，你也可以不提起民事诉讼，而是直接到工商部门或质量监督部门等进行投诉举报。如果查实你所举报的内容属实，商家除了要返还你的钱，还要面临行政执法部门的罚款。这时商家所负的责任就是行政责任了。如果行政部门在调查时发现该商场现存了上百万元的假冒伪劣产品，甚至背后有一整条生产销售假冒产品的产业链，那么该商场不仅面临着赔偿等民事责任和包括停业整顿、吊销营业执照等在内的行政责任，其负责人可能还要承担刑事责任。

法律责任作为整个法律体系[1]的重要组成部分，其惩罚、救济和预防的功能对实现法律目的具有重要意义。为了更有效地发挥法律责任的功能，需要适时在立法上对法律责任进行调整。在 2011 年通过的《刑法修正案（八）》中，就适时增减和修改了部分法律责任。比如，

---

〔1〕　这里"法律体系"的意思主要侧重指法律的逻辑结构。

加大了对部分犯罪行为的惩罚力度，对判处死缓和无期徒刑罪犯的减刑、假释作了严格规范，调整了数罪并罚的执行期限，将醉酒驾车、飙车、拒不支付劳动报酬等严重危害群众利益的行为规定为犯罪等；2015年11月通过的《刑法修正案（九）》中，增加了"终身监禁""不得减刑、假释"的有关法律，死刑罪名从55个减为46个，传播网络谣言入刑等；2017年11月通过的《刑法修正案（十）》中，又增加了"侮辱国旗、国徽、国歌"入刑；2020年12月通过的《刑法修正案（十一）》中，将低龄未成年人刑事责任调整至12岁等；2023年12月通过的《刑法修正案（十二）》对于严重的行贿受贿罪行从重处罚等，都是根据社会现实的需要和法律理念的进步，为了更好地发挥法律的功能、体现法律的价值所作的必要调整。

思考题

1. 你要做"见死不救"者还是"见义勇为"者？
2. 你认为法律的价值有哪些？

第二节　以事实为依据，以法律为准绳

有道之国，治不听君，民不从官。

——商鞅

法律责任是行为人因为违反了法定义务或者契约义务所应承担的不利后果。这些责任性质各异，责任大小也不尽相同。有些责任的认定和处罚可以由当事人双方自行协商，或者在第三方的参与下，经调解达成赔偿协议，但在很多情况下，法律责任的认定只能由公共权力机关进行。

把小偷绑电线杆上殴打致死，八名村民被拘[1]

2011年2月4日（正月初二）凌晨，广西桂林永福县下槐屯村民夜间巡逻队巡逻时，发现附近巷口屯的男子刘某鬼鬼祟祟，于是上前盘问。刘某掏出一把匕首进行反抗，被村民打倒在地并制服。村民从刘某身上搜出了撬门工具、小型手电筒及现金1100多元，一个村民还从刘某身上找到了自己被盗的手机。于是村民认定刘某就是小偷，将他绑在电线杆上，

---

[1]　《把小偷绑电线杆上殴打致死，八名村民被拘》，载 https://www.gxnews.com.cn/，最后访问日期：2024年9月14日。

进行殴打和审讯。

天亮后，更多村民得知抓到了小偷，那些被偷过财物的村民，见刘某不回答询问，纷纷上去教训刘某，对其拳打脚踢，棍敲水淋，当民警赶到现场时，刘某已经死亡。警方依法将8名重要嫌疑人刑事拘留。

这是一起典型的动用私刑解决法律问题的案例。这种惩罚方式以私人的意志作为依据，以有罪推定为原则，缺少正当的审理程序，是对人权的严重侵犯。如果任由这种私刑泛滥，会使所有人丧失安全感。只有以维护公共安全和公共利益为职责的公权力的介入，并严格按照法律程序来认定当事人的责任，才能最大限度地保障公民的权益。

那么公共权力机关怎么判定法律责任呢？有一句话大家都很熟悉，叫作"以事实为依据，以法律为准绳"，这是司法机关坚持的一项基本原则。通俗地讲，就是在办案时，要在查清事实的基础上，正确地适用法律。这里有两个问题：一是要查清事实；二是要结合事实正确适用法律。

什么是事实？事实就是事情的真实情况，但真实情况在很多情况下是难以还原的，只有证据才能证明事实。以事实为依据，其实就是以证据所证明的事实为依据。法律实务上常说"打官司就是打证据"，就是这个道理。许多自认为能打赢的官司会落败，主要原因是当事人没有提供证据，或者提交的证据不足以证明其所主张的事实。比如，在日常生活中，朋友之间常常有借钱的情况，拘泥于人情关系，很多时候并没有留下借据等能证明两人之间发生过借贷关系的证据，如果发生迟迟未还的情况，借出人在没有任何证据的情况下向法院提起诉讼，法院可能难以支持其诉讼请求。

事实有很多要素，法律只选择与法律责任有关的事实要素。比如，在"一个穿着蓝布衫30岁的人偷了100元钱"这个场景中，"穿着蓝布衫""30岁的人""偷""100元钱"都是其中的一个事实要素，"穿着蓝布衫"这个事实要素可以作为确认谁是偷窃者的线索，但并不能作为判定是否犯有盗窃罪的依据。只有"30岁的人"这个主体、"偷"这个行为和"100元钱"这个数额才可以作为依据。在法律实践中，一般将主体、行为、过错或过失、因果关系和结果这几个要素作为判定法律责任时的主要依据。

这里的主体不仅指公民，还包括法人（如公司），有时候还指国家（比如在国家赔偿法中）。承担法律责任的主体需要具备一定的责任能力，承担的法律责任需要与行为人的精神、智力等方面相协调，一个未达一定年龄或理智不健全的人，或者一个处于药物作用下无法辨认、控制自己行为的人，通常被认为无责任能力或者仅具有有限的责任能力。是否有责任能力，需要由法律规定。行为是法律事实的核心。这里的行为是指由人意志控制的行为，自然发生的事件或者无意识的动作都不是由人的意志所控制的，所以不是法律上所讲的行为。行为不仅包括实际做某事，如盗窃，还包括不做某事，如不履行合同。

陈某寿故意杀人案[1]
——吸食毒品致精神障碍后故意杀人案件

陈某寿因常年吸毒导致精神障碍，被强制戒毒2年后仍复吸毒品。2013年9月20日12时许，陈某寿在广东省湛江市的家中产生幻觉后，持菜刀闯入邻居陈某某住宅，将陈某某之子陈某密（殁年3岁）挟

持，威胁在一旁劝阻的群众。公安人员接警赶到后，陈某寿将陈某密挟持至陈某某家院内，不顾众人的劝解，持菜刀砍击陈某密颈部一刀，致

陈某密左颈总动脉、颈内静脉断裂失血性休克当场死亡。2014年6月19日广东省湛江市中级人民法院作出判决：认定被告人陈某寿犯故意杀人罪，判处死刑，剥夺政治权利终身。一审宣判后，陈某寿提出上诉。2014年12月12日广东省高级人民法院作出裁定：驳回上诉，维持原判，并依法报请最高人民法院核准。最高人民法院予以核准。

　　故意或过失是判定行为人法律责任的重要依据。故意是指行为人能预见自己的行为后果，希望或者放任这种结果的发生；过失是行为人应当注意却因疏忽大意而没有注意，或者是因为过于自信可以避免而没能避免。因果关系是一个与法律责任关联性非常大的法律事实，如果行为与后果没有关系，就不需要承担责任，如果有关系就需要承担责任。法律责任的承担一般需要以一定损害结果的出现为要件。损害不仅包括人身伤害、财产损害，还包括精神损害和其他方面的损害。

　　上述案例中根据现场证人及法医精神病鉴定，陈某寿作案时，处于精神活性物质所致精神障碍发病期，其发病的主要原因是其常年吸食毒品所致。但吸毒属于可控制的行为，具有违法性和自陷性，陈某寿知道自己吸食毒品后会产生幻觉，被强制戒毒后不知悔改，仍然自愿选择继续吸食毒品，最终因吸毒致幻而引发本案，故其因吸毒行为导致精神障碍与被害人的死亡结果存在刑法上的因果关系，其对死亡结果的发生具有支配力。陈某寿自愿吸毒后实施的杀人行为，与被迫、诱骗吸食而实施犯罪的情况有所不同，其对于危害结果的发生是持放任态度的，且其具有完全刑事责任能力，应承担故意杀人的刑事责任。吸食毒品本身属违法行为，故因毒品所致精神障碍者应当承担自愿吸毒的后果，以吸食毒品致幻为由要求从轻的理由于法、于理无据，不予采纳。

　　行为人故意或过失造成自己的无责任能力状态并且在这种状态下造成了危害结果，这种利用自己为工具的行为应当被看作其实行行为，与利用物理工具的行为（如驱赶猛兽杀人）具有相同的刑法意义。在行为人事先没有实施暴行等结果行为的意思，但由于饮酒、吸毒等原因行为而产生了该意思时，可以肯定原因行为与结果之间存在因果关系。在行为人事先就有实施结果行为的意思，出于鼓起勇气等动机而饮酒、吸毒导致丧失责任能力，进而在该状态下实施了结果行为时，也可以肯定原因行为与结果之间的因果关系。

既然行为人在实施与结果的发生具有因果关系的行为时具有责任能力，而且具有故意或者过失，就具有了可罚性。因此，根据原因自由行为的法理，对于故意或者过失导致自己陷入限定责任能力状态进而实施犯罪的，应当追究刑事责任，而且不能适用从轻或者减轻处罚的规定。

玩笑过头被判刑[1]

潘某毅与刘某东这对朋友一同参加了一场宴会。其间两人都喝了不少酒，不敢开车，于是两人就在酒店开了个房间，打算住一宿明天再走。晚上 11 点 30 分左右，刘某东先醒了过来，看到潘某毅随手放在桌子上的包（包里有潘某毅的重要证件和要办事的 4 万元），就想跟他开个玩笑。于是把包拿出了房间，藏在同楼层的服务台里。为了达到逼真的效

果，他还特意把房门打开，造成窃贼进入的样子。做完这一切之后，刘某东又悄悄地回到床上睡下。凌晨 1 点左右，潘某毅醒了过来，一看包不见了，并且房门敞开着，连忙把刘某东叫醒询问，刘某东打算吓唬潘某毅一下，就说他也不知道。于是潘某毅立即报了警。公安人员询问刘某东，刘某东说自己什么也不知道，并在此时趁人不备，把藏在 6 楼服

---

〔1〕《玩笑过头被判刑》，载 http://epaper.ynet.com/，最后访问日期：2024 年 9 月 14 日。

务台的包迅速转移到了 7 楼服务台。这一切都被酒店的保安录像设备完整地录了下来。当公安机关拿到这段录像时，刘某东才承认是自己拿了包。检察院以录像为主要依据，将刘某东以盗窃罪进行了起诉。

刘某东想不通，认为自己是开玩笑的，潘某毅也为自己的朋友叫屈，几次三番为朋友辩解。然而检察院认为，刘某东说他是以开玩笑为目的，但其实际上是以非法占有为目的，因为一个人的主观犯罪故意，主要是通过他的客观行为来认定。一个人的思想是不可能看出来的，只能通过他的客观行为表现出来。事发当天公安人员到达现场后，曾询问过刘某东，但是他说自己什么也不知道。检察院认为，刘某东把藏在 6 楼服务台的包又转移到了 7 楼服务台，进一步对包实行了控制，也就是盗窃犯罪中所规定的，采用秘密手段控制了这个包，而被害人则完全对包失去了控制。在公安人员已经掌握了刘某东拿包比较直接的、重要的证据的情况下，他才承认是自己拿的包。虽然刚开始的时候，他有开玩笑的动机，但是随着事态的发展，他在主观上发生了转变，这就是刑法理论中所讲的主观故意已经发生了转变，已经是一种盗窃的犯罪故意了。最终，刘某东因盗窃罪被判处有期徒刑 4 年。

在此案件中，对比我们所列的五点进行如下分析：刘某东具有完全的民事行为能力和刑事责任能力；主观上是故意占有；客观上有占有行为的发生；直接造成的后果是潘某毅对自己财物失去了控制，两者之间有必然的因果关系；符合法律规定的盗窃罪犯罪要件，所以刘某东被依法判刑。

以上五点就是"以事实为依据"中的"事实"。至于是否承担或承担多大的法律责任，就需要"以法律为准绳"进行判定。不同的法律对这五点有不同的"偏好"，进行了不同的排列组合，有的对这五点事实都要考虑。比如，上述案例中的盗窃罪；有的只需考虑其中的几个事实。比如，欠债不还钱的情况，不管是故意还是过失，欠债人都要承担法律责任。而对这五点的不同"偏好"，不同的法律在其法律条文中都作了相应的规定。

当然，在实际操作中，为了使责任与违法行为更相称，更好地体现法律的公正合理性，还有一些酌情量刑的情节需要考虑。其中包括违法的动机；违法的时间、地点、环境、条件；受害人的情况；违法者的一贯表现；违法后的态度；等等。动机是在判定责任时需要考虑的一个重要因素。即使是同样的行为，如果具有不同动机，所承担的责任也不同。比如，如果一个人是为了买毒品而偷4万元，所获得的刑期也许会比案例中刘某东所获得的刑期长。违法行为的时空及环境条件也会影响责任的认定。比如，在发生地震时犯罪所承担的责任就重于平时的犯罪。有时候犯罪对象也是判定责任时要考虑的一个因素，如盗窃救灾款物所要承担的法律责任就重于盗窃一般公私财物。

有时也会出现法律责任免除的情况。在有些条件下，即使是依照"以事实为依据，以法律为准绳"的标准，确立了当事人承担的法律责任，但由于各种原因，责任人并未实际上承担这些责任，法律责任自行消除。这种条件有多种，如权利人不告或者撤诉、责任人主动补偿、责任人死亡、时效期满等。

思考题

1. 如何在生活中运用"以事实为依据，以法律为准绳"？

2. "玩笑过头被判刑"这个案例给你什么启发？

第三节　没有任何借口

人生须知负责任的苦处，才能知道尽责任的乐趣。

——梁启超

我们每一个人在社会中生存，必然要对自己、对家庭、对集体、对社会承担并履行一定的责任。责任存在于我们生命中的每一个岗位。养儿育女是父母的责任，孝敬父母是儿女的责任，教书育人是老师的责任，尊师好学是学生的责任，救死扶伤是医生的责任，保家卫国是军人的责任，这些不同范畴的责任，只有轻重之分，而无有无之别，是社会存续的客观需要，是每一个个体都必须承担的。

责任靠他律，也靠自律。为了确保每一个人承担自己的那份责任，道德、法律等各种社会规范都包含对不履行责任的人进行惩罚的机制，如果不履行道德责任会受到道德的谴责和良心的拷问，不履行法定责任则会受到法律的追究和制度的惩处。这种谴责、拷问、追究和惩处对不履行责任的人来说，所引起的精神上的痛苦和物质上的损失，往往比履行原有责任所付出的更多。而持续性的不履行责任，就如不加控制的癌细胞裂变，其结果只能更加严重。为了避免在精神上及物质上受到更大损失，我们需要把承担责任当成一种主观追求，基于自己的良知、信念、觉悟，自觉自愿地履行责任，严格履行各种义务，为他人和社会作出自己的贡献。如果出现失责的情况，也要尽快主动地采取补救措施，尽可能早地设下停损点，使损失降到最小。

承担责任的方式有两种：主动承担和被动承担。主动承担是指责任人主动履行了法律责任，或者相关人员经过第三方的调解达成协议，如违约者主动按照合同规定给予赔偿。被动承担是指在强制力的作用下，责任人接受惩罚或者给予赔偿，但被动承担并不是指责任人完全被动，如果责任人有积极主动承担责任的表现，在责任的认定上会有较大的影响。比如，我国《刑法》第 67 条第 1 款规定，对于自首的犯罪分子，可以从轻或者减轻处罚；第 68 条规定，犯罪后自首又有重大立功表现的，可以减轻或者免除处罚。另外，虽然法律没有规定，在量刑时，人民法院根据立法精神和审判实践经验，也会根据责任人的态度来酌情量刑，如是否有挽救违法后果的行为、是否有积极退赃的行为、是否主动赔偿损失、是否主动坦白交代罪行等，都是需要考虑的量刑情节。

故意伤害罪的是与非[1]

2006 年一个偶然的机会，在廊坊打工的陈某（女）认识了张某（男），由于两人互相有好感，于是就走在了一起。不久双方发展为恋爱关系，在认识张某之前，陈某一直认为张某是个有上进心、吃苦耐劳、能给自己带来幸福的人。但交往一段时间以后，陈某发现张某并不是自己想象的那样，张某还和其他的女性有暧昧关系，而且经常换工作。陈某越看越不顺眼，深思熟虑后决定和张某分手。张某得知后也认识到了自己的错误，就向陈某道歉，并发誓以后不再这样，希望能继续和陈某在一起。但陈某已经下定决心，无论张某怎么求她，陈某均拒绝了，这让张某很是生气。过了几天，张某要求再与陈某见面把问题说清楚，见面后双方争吵起来，张某用随身携带的匕首捅了陈某六刀，陈某当场倒地。此时张某幡然醒悟，积极地将陈某送到医院抢救，并主动到公安机关投案自首。经鉴定，陈某为重伤。法院根据张某积极救人、在案发后主动投案自首、如实交代案情等事实，对张某从轻处罚，判处有期徒刑 2 年 6 个月。

承担法律责任的类型多种多样。如果是民事责任，一般要求责任人停止侵害、排除妨碍、消除危险、返还财产、恢复原状、修理、重做、

---

〔1〕《故意伤害罪的是与非》，载 https://lawhlj.com，最后访问日期：2024 年 9 月 14 日。

更换、赔偿损失、消除影响、恢复名誉等。如果是刑事责任，其承担责任的方式主要是自由刑，如管制、拘役、有期徒刑、无期徒刑等，这时，法律责任在时间上是有延续性的，法律责任并不随着责任人进入看守所、监狱的那一刻而消灭，责任人的服刑过程也是承担法律责任的过程，遵守监规纪律、参加生产劳动、接受教育改造、参加各种文化、技术学习活动等，都是承担自由刑这种法律责任的具体体现。

认罪服法是承担法律责任的必然要求。不管是承担哪种法律责任，只有认罪服法，深刻认识到自己的错误所在，才能在以后的生活中避免再次发生类似的错误、避免遭受更多的处罚。对那些承担自由刑的责任人来说，认罪服法也是获得减刑假释的必要条件。我国《刑法》第78条第1款规定，被判处管制、拘役、有期徒刑、无期徒刑的犯罪分子，在执行期间，如果认真遵守监规、接受教育改造、确有悔改表现的，或者有立功表现的，可以减刑。根据《最高人民法院关于办理减刑、假释案件具体应用法律若干问题的规定》，"确有悔改表现"是指同时具备以下四个方面的情形：认罪悔罪；遵守法律法规及监规，接受教育改造；积极参加思想、文化、职业技术教育；积极参加劳动，努力完成劳动任务。

认罪悔罪是依法减刑的必要条件

王某和张某二人因合伙盗窃，分别以盗窃罪判处有期徒刑 10 年。在服刑期间，王某认罪服法，认真遵守监规纪律，接受教育改造，并积极参加各种学习和劳动，获得了多次减刑机会，终于在 2011 年年初刑满释放回家，其在监狱里共服刑了 6 年

6个月。而张某一直对判决不服，表示不认罪，并且在服刑期间多次违反监规纪律，被关了禁闭，一直没有获得过减刑。直到王某刑满释放回家，张某才幡然醒悟，追悔莫及。

　　要做到认罪悔罪，首先要承认违法犯罪事实。承认违法犯罪事实是认罪悔罪的基础，只有承认违法犯罪事实，才能对自己过去的违法犯罪行为产生深刻的认识和悔恨，增强对判决的认同感，才能够真心接受惩罚。违法犯罪事实是一个具体的存在，无论是违法犯罪的性质、情节、手段，还是违法犯罪的危害结果，都是违法犯罪人所实施的具体的违法犯罪行为，以及由此造成的具体的危害结果。这些事实是客观存在的，它有法律证据作为佐证，是不以违法犯罪者的主观意志为转移的。有的违法犯罪人员为了减轻或免除自己所接受的处罚，否认或者歪曲事实真相，如将强奸说成通奸，把杀人说成伤害，把故意说成过失等，企图混淆罪与非罪、此罪与彼罪的界限，但这只能蒙骗自己，并不能对实际要承担的法律责任产生影响。

　　服从法院判决是认罪悔罪的重要内容之一。法院的判决是强制责任人承担法律责任的直接依据，是人民法院经过一定的审判程序产生的结果。判决书上所列的事实，是根据已有的证据经过反复、多方的查证，是最能客观反映违法犯罪事实的；法院所认定的违法犯罪性质，是根据证据所能证明的事实和法律的相关规定得出的必然结论；在具体判定法律责任的大小时，也是在充分考虑从轻、从重的各种情节的基础上所作出的相对合适的判定。只有接受法院的判决，才有可能真正地认罪悔罪。

　　认清违法犯罪的危害是认罪悔罪的客观要求。认清违法犯罪行为带给自己、他人、家庭、社会的各种危害，会增加犯罪人内心深处的罪恶感和悔罪意识，激发其向善的动力。任何违法犯罪行为都会带来危害，危害有大有小，但不会没有，即使是欠债不还钱这种行为也是有危害的，如会给责任人带来诚信危机。危害有物质危害和精神危害、直接危害和间接危害、当时危害和遗留危害，等等。物质性的危害容易一目了然，非物质性的危害造成的影响更大，心灵创伤无法用金钱来衡量，也无法用药物来彻底治愈。许多违法犯罪的人失去了人身自由，妻儿不能团圆，父子不能促膝，甚至葬送了自己的美好前程。

谭某盗窃案

谭某原是医学院的一名学生，在校期间成绩一直都很优秀，在走上工作岗位前，学校安排他到某医学院去实习。在实习期间，他窃取了该院价值 3 万多元的医学仪器，被判处有期徒刑 13 年。一个本该成为出色医生的他却进了监狱。

一般来讲，法律责任的产生是建立在基本的公平、秩序等被打乱的基础之上的，如果没有违法，法律责任备而不用，或者仅是起到一种震慑作用，有了违法犯罪行为，才会有法律责任。承担法律责任的过程，其实是对基本价值的保护和修补的过程，目的是使法律关系尽可能恢复到原有状态。所以，从一定意义上讲，承担法律责任的最高境界就是从源头上消灭法律责任，消除可能导致责任人承担法律责任的各种不法行为，就是守法。

所以，在因违法犯罪接受法律惩罚时，要想真正担负起法律责任，仅有认罪悔罪是不够的，还必须在改过自新上下功夫，努力把自己培养成守法公民，而剖析违法犯罪原因是由认罪悔罪向改过自新转变的必由之路。违法犯罪原因有主观原因和客观原因、表面原因和深层原因，剖析违法犯罪原因主要剖析主观原因和深层原因。分析自己的人生观、价值观是否错位，如是否有极端的个人主义思想、享乐寄生思想、封建行帮思想，还要分析是否因为自己的法治观念淡薄、是否因为自己的道德修养还不够、是否因为自己的心理调节失控，等等。只有从各个角度深挖违法犯罪根源、分析原因，才能真正找到努力的方向，从错误中学到教训，提高自己，使自己不再重新违法犯罪，成为一个合格的、优秀的守法公民。

思考题

1. 怎样树立起正确的法律观？

2. 在剖析个人违法犯罪原因的过程中，如何平衡考虑主观因素与客观因素，以制订有效的改过自新计划，并确保其能够持久地促进个人成长与守法意识的提升？

推荐书目

1.《将法律进行到底——经典法治故事趣谈》，吴忠编著，中国法制出版社2016年版。

2.《刑事责任论（修订本）》，冯军，社会科学文献出版社2017年版。

推荐电影

《孤注一掷》（2023年），申奥执导。

第九篇

维权

随着民众法治观念的不断提高，权益保护观念也逐渐深入人心。但由于法律条文众多，涉及广泛，对于没有经过专业法律学习或培训的普通人来说，往往容易陷入有积极的维权愿望却缺乏维权技能的困境。购买的商品出现质量问题怎么办？人身受到不法侵害是否可以直接向法院起诉？与用人单位的劳务纠纷要向哪些部门求助……这些具体问题处理得妥当与否，有时会直接关系到维权的效果。

【阅读提示】

1. 理解民众法治观念与权益保护观念的提升。
2. 识别并解析普通人在维权过程中面临的挑战。
3. 掌握有效的维权途径与技能。

第一节　跨越红线不可为

没有规矩不成方圆。

——《孟子·离娄上》

租房遇上黑中介、外卖吃出头发丝、理发碰上乱收费、买东西货不对板……这些坑，很多人都踩过。随着法治意识的逐渐强化，越来越多人开始为了维护自身权益积极维权。特别是近年来随着互联网社交平台的发展，越来越多消费者买到瑕疵商品或对服务不满意时，通过发布短视频进行维权，借助媒体曝光，用舆论为自己发声，让"热搜"来推进维权进展，社交媒体变身"维权"重地。但维权是有法律边界的，正如"曝光式维权"是一把"双刃剑"，一旦失实、造谣、诬陷，或者越过法律红线的边界，一经滥用和恶意攻击他人，将遭到法律的惩罚。

互联网不是法外之地[1]

小杨与小李原系恋人，因双方恋爱期间往来款项部分来源于网贷，分手后双方因退还多项转款事宜协商未果，起诉至法院，法院依法审理作出判决后小杨不服遂提出上诉，玉溪市中级人民法院经审理维持原判。二审民事判决书送达双方当事人后，小杨未在判决书生效后15日内履行付款义务。小李经多次催要未果，遂将其书写的《强制执行申请书》发布至微信朋友圈，并配文字"人不要脸，天下无敌"。小杨得知此事后，认为小李在微信朋友圈发布上述信息的行为侵犯了其名誉权，并造成了严重的负面影响，故诉至法院要求判令停止侵权、赔礼道歉并赔

---

〔1〕《网络并非法外之地　不当维权理应担责》，载 https://m. thepaper. cn/baijiahao_25093842，最后访问日期：2024 年 9 月 14 日。

偿经济损失。

　　法院审理认为，小李在微信朋友圈发布的言论涉及使用不当措辞，且因双方之前系恋人关系，微信朋友圈存在多处交集，该行为影响了小杨品德、才能、信用等方面的社会评价，损害了小杨的名誉权。因小李已于庭审结束后删除了该条信息，法院最终判决由小李于判决生效之日起15日内向小杨赔礼道歉，并以朋友圈发布声明的方式，为小杨消除负面影响。对于其他诉讼请求依法不予支持。

　　自媒体时代，每位网络"冲浪选手"都手握多个社交平台账号。有人热衷于在平台上展示生活，也有人把它们作为维权"新阵地"。网上发精致PPT图文并茂声讨另一半出轨，视频实名举报老板、导师压榨……相信大家或多或少都吃过这种"瓜"。这些维权方法都有些伤人一千自损八百，但公众性的舆论审判一出，不管内容是不是真的，对方都会被议论。在这种"社会性死亡"的压力下，迫使对方不得不低头，给受害人赔礼道歉。但是借助网络的力量曝光他人的时候，可能会给他人造成远超过纠纷本身的损害后果，若不注重对他人肖像权、名誉权等合法权益的保护，通过"非法途径"以"曝"治"暴"，不仅无法维护自身的权益，更有可能从"受害者"变成"施害者"。

"曝光式"维权变侵权[1]

　　彭某通过微信联系朱某代购口红和高光，朱某错发成两瓶精华。朱某通过微信联系彭某，彭某却"已读不回"还将朱某拉黑，电话也不接。朱某气急直接在微信朋友圈"曝光"，挂出微信聊天截图以及彭某的电话进行"有偿人肉搜索"。短时间内，彭某的手机被全国各地电话炸号。随后彭某联系朱某协商解决错发货的问题，二人对退货和补差价

---

　　〔1〕《"曝光式"维权？小心维权变侵权！》，载 https://www.thepaper.cn/newsDetail_ forward_ 27484138，最后访问日期：2024年9月14日。

金额未达成一致意见，朱某表示"所有社交软件挂你，并且人肉你""我往各大平台发下，让你火一把，让大众去评判"。于是，朱某又找人在某社交平台发帖，并附上了微信聊天截图。这条帖子随即点燃了"×大学超话"的评论区和网友转发，彭某的姓名、身份和社交网络昵称都被网友查出，事件上了当天热搜排行榜。

后彭某将朱某诉至法院，经法院判决朱某要在本人微信朋友圈及微博上公开发布向彭某赔礼道歉的文章一篇（持续保留 15 天），并赔偿彭某公证费、精神损害赔偿金、律师费。

随着网络技术日趋成熟，网络拓展了公众维权的途径。网络维权凭借着便捷、低成本、高关注度的特点，逐步成为维权的重要途径。维权主体大多会发布一些文字、图片及视频来"实锤"控诉对象。以情感动员的方式引发网民情感共鸣，从而获得大量的关注与支持，催生群体支援，形成舆论力量。当你真的遇到权益受损时，合理地运用互联网进行曝光维权，通过真实、客观的信息分享，确实能够形成舆论支持，从而有效推动问题的解决和正义的伸张。但"曝光式维权"本质上是一种群体维权的方式，同样是一把"双刃剑"，一旦失实、造谣、诬陷，或者越过法律红线的边界，一经滥用和恶意攻击他人，将遭到法律的惩罚。所以，我们在进行维权时，必须遵循曝光的客观性和真实性，必须考虑维权手段的合法性和对他人权利的保护。注意遵守法律规定，不得进行任何非法侵犯他人的行为。在享受互联网便利的同时，坚守法律底线，确保维权行为合法合规，避免过度炒作或侵犯他人权益。合理维权，让互联网成为我们维护公平正义的坚实后盾。

网络曝光守护舌尖上的安全

2024 年 6 月 25 日，李先生在抖音平台发布一段视频录像，称 A 公司美食城的凉皮商户环境卫生很糟糕。视频一经发布，瞬间引爆热搜，引来无数网友关注与讨论。视频引起 A 公司的关注与重视, A 公司立即开展调查并在其官方公众号上发布事件调查报告。对于帮助公司发现了重大食品安全隐患的李先生, A 公司给予了 10 万元现金奖励; 对在此期间购买涉事凉皮的顾客, A 公司办理了退款; 对相关工作人员, A 公司予以辞退、免职; 同时, A 公司要求凉皮商户停止营业, 限期撤柜。

李先生的视频录像让"脏乱差"的餐饮乱象曝光; A 公司直面问题、及时整改收获了顾客信任, 共同守护了舌尖上的安全。

民众能够积极维权, 不仅是捍卫个人尊严与利益的坚实行动, 还是推动社会公正与法治进步的重要力量。这彰显了个体对权利意识的觉醒, 促使社会各界更加尊重并保障每一位公民的合法权益。通过合法途径维权, 不仅有效解决了自身遭遇的不公, 还促进了法治环境的优化, 增强了社会的整体信任度与和谐度。实例证明, 维权行为也一样要在法律允许的范围内进行。法治社会, 法律已成为调整人与人之间交往最重要的控制器。不能允许任何凌驾于法律之外的行为, 即使其目的具有一定的正当性和合理性。以合法合理的方式维权, 不仅是对他人权益的尊重, 更体现了对法律的尊重, 亦使法律的权威和尊严得以有效地维护, 对促进社会的和谐发展和有序运行具有重大意义。所以, 当自身合法权益受到侵害时, 以什么样的态度和方式来获取法律的支持, 千万马虎不得, 一定要深思。

思考题

1. 当个人信息被他人恶意发布到网上, 你该怎么办呢?

2. 在利用互联网进行维权时, 如何确保信息的真实性与准确性, 同时有效避免对他人造成不必要的伤害或侵犯其合法权益?

第二节 维权方法知多少

法律不保护权利上的睡眠者。

——西方法谚

确定维权就能开展实施并收获满意结果吗？在群众分享的经历中，如果通过投诉来维权，一般在一周到一个月，而如果进入起诉阶段，则需要等待几个月甚至更久。实例证明，维权之路并没有那么坦途。很多人求学十多年，想拿起法律武器反击时才发现自己竟是"法盲"。不懂如何维权是很多人面临的首要难题。

维权过程中，在有了一个明确的维权态度之后，懂得选择正确的维权方法显得尤为重要。那么，当我们的合法权益受到侵害时，究竟有哪些方法可供我们选择呢？

让我们先从一个案例入手，来慢慢了解这些法律上的维权方法吧。

恶狗吓人倒地受伤 主人承担合理费用

刘先生多年前养了一条大狼狗，多年来他一直喜欢把大狼狗拴在门前的大树底下。可未曾想到，这条狗给他引来了一场小小的官司，还因此赔了钱。

某日上午 7 时 30 分许，刘先生正好外出办事。王先生从刘先生家门口经过，被刘先生拴在门口的大狼狗看见。狼狗见有生人经过立即

咆哮起来，并不断地扑向王先生。王先生急忙躲闪，在躲闪的过程中不慎被脚下的石块绊倒，后脑着地，顿时头破血流，为此花去医疗费625元。事后，王先生找到刘先生，要求刘先生赔偿全部费用。刘先生称："我的狗拴得好好的，并没有咬伤你或是抓伤你，是你自己不小心跌倒的，此事与我无关，你无权要我赔偿。"因协商不成，王先生遂将刘先生告上法庭。法院开庭审理后，查明王先生的合理医疗费用为585元，遂判决刘先生承担全部合理医疗费用。

　　这个案例的法理问题在这里不作阐述，我们主要看看王先生的维权方法。在案例的描述中，我们可以发现，王先生主要用了两种方法，一是先自行与狼狗主人刘先生协商，二是协商不成后起诉到法院，最终赢得了合理的医疗费用赔偿，弥补了自己的财产损失，维护了权益。

　　协商，从字面上就很容易理解，是双方当事人发生纠纷之后，就与争议有关的问题，在自愿、互谅的基础上，相互商量沟通、达成一致意见，使得双方之间的纠纷得以解决的活动。但必须注意的是，法律意义上的协商有三个重要的条件：一是必须基于双方当事人的自愿；二是协商的范围仅限于当事人可以处分的权利和义务；三是不得损害国家利益、社会公共利益或其他第三人的利益。只有在同时具备上述三个条件的情况下，纠纷双方才可以通过协商的方式解决纠纷，缺少任何一个条件，纠纷双方都无权和解，即使达成了和解，协议也是无效的。

　　一般来说，协商和解是解决绝大部分民事权益纠纷的第一道程序，但不是必需的第一道程序。在诸多的法律条款中对此都有明确的规定，如《消费者权益保护法》第39条规定："消费者和经营者发生消费者权益争议的，可以通过下列途径解决：（一）与经营者协商和解；（二）请求消费者协会或者依法成立的其他调解组织调解……"应当说，协商和解是一种快速、简便的争议解决方式，无论是对侵权者还是维权者，它都不失为一种理想的途径。而且，从共建和谐相处的人际关系角度出发，这种维权方法应该予以提倡。

诉讼，与协商相对应，是老百姓口中常说的"经公""经官"，也是我们俗话中的"打官司"。诉讼是我们维权最常用、最主要也是最重要的一种维权方式。在许多情况下，争端、矛盾和冲突不能在双方当事人之间自行解决时，采用诉至法院的诉讼方式，往往就可以得到最终的解决。由于法院的介入，其诉讼结果必将得到国家强制力的确认和支持，使诉讼成为一种合法的、最有效的，从而也是最终的解决冲突的手段。一般来说，有争议都可以采用诉讼的方式解决。但并不代表所有争议都可以直接诉至法院。我们先来看一个相关的案例。

杨某应该怎么办？[1]

杨某与广东某企业签订了劳动合同，合同的有效期为 2006 年 1 月至 2008 年 1 月。2007 年 6 月 20 日，杨某因患病住院治疗，2007 年 7 月 3 日企业解除了与杨某的劳动合同，双方因此发生劳动争议。杨某认为企业不应解除与自己的劳动合同，而企业认为杨某所患的病不是因工作因素造成的，住院治疗已经给企业造成了一定的影响，故解除了与杨某的劳动合同。发生劳动

争议后，双方都不愿自行协商和接受企业调解委员会调解，杨某直接到人民法院起诉，但人民法院不受理此案。杨某应该怎么办？

为什么人民法院不受理杨某的起诉呢？这是有一定的法律依据的。《劳动法》第 79 条规定："劳动争议发生后，当事人可以向本单位劳动

---

〔1〕《进城务工工作生活指南：就业乐业和谐发展》，载 http://book.qq.com/s/book/0/23/23654/29.shtml，最后访问日期：2024 年 9 月 13 日。

争议调解委员会申请调解；调解不成，当事人一方要求仲裁的，可以向劳动争议仲裁委员会申请仲裁。当事人一方也可以直接向劳动争议仲裁委员会申请仲裁。对仲裁裁决不服的，可以向人民法院提起诉讼。"《劳动争议调解仲裁法》第5条规定："发生劳动争议，当事人不愿协商、协商不成或者达成和解协议后不履行的，可以向调解组织申请调解；不愿调解、调解不成或者达成调解协议后不履行的，可以向劳动争议仲裁委员会申请仲裁；对仲裁裁决不服的，除本法另有规定的外，可以向人民法院提起诉讼。"由此可见，劳动纠纷必须先经仲裁程序，而且这种仲裁程序不是当事人可以自愿选择的结果，而是法律上的强制性规定，是当事人进行劳动权益维护的必经程序，这也是法律上所说的一种仲裁前置程序。既然上文案例中，杨某与原属企业没有双方自行解决的可能性，那么首先就应该由该企业调解委员会调解，减少争议解决的环节、时间和成本。如果调解不成，再申请仲裁，不经过劳动争议仲裁委员会仲裁，直接到人民法院起诉，人民法院是不会受理的。也就是说，杨某应该向劳动争议仲裁委员会提出仲裁申请。这才应该是杨某的正确选择。

除劳动纠纷的"仲裁前置程序"外，按照法律规定，还有许多争议和纠纷也是必须先经前置程序的，如对一些具体行政行为有异议要先申请行政复议，以及一些房产的纠纷案等。涉及这些权益的维护，一般是不能直接起诉到法院的。因涉及的具体内容较多，这里不作具体的阐述。

其实，对一些简单的民事案件，当事人不能一味地"认死理"，非走法院判决这条路，其实调解也是解决民事纠纷的有效途径。比如，下面的这起纠纷，就是一个通过调解解决纠纷的典型案例。

律师调解 受损农民获赔偿[1]

2009年6月，一件信访案件转到了鹤壁市浚县法律援助中心：由于买到了不合格的化肥，浚县24户村民的小麦大幅减产。河南达剑律师事务所律师刘永波、胡秀章受指派开始调查这个案件。

因受损农民曾向浚县消费者协会投诉，消费者协会多次与本村经销商李某联系，没能形成调解意见。两位律师为24户村民整理了诉状，收集了证据，开始考虑向他的上一层经销商沟通。经过多次切磋，上层经销商刘某认识到由于对进货渠道没有严格把关，自己应承担责任，愿意与受损村民达成协议，赔偿24户村民的全部损失共计6万元。

2009年6月9日，刘某与受损村民的代表签订了赔偿协议书。浚县公证处对双方协议进行了公证，经销商将赔偿款6万元交到受损村民代表手中。

什么是调解呢？在生活中，当产生纠纷、争议时，可能当事人之间因出发点和利益的不同，无法自行协商解决。那么，我们经常做的可能就是"找人评理"。其实，这个"找人评理"就是调解。从法律的角度来解释，"调解"是指双方或多方当事人就争议的实体权利、义务，在人民法院、人民调解委员会及有关组织主持下，自愿进行协商，通过教育疏导促成各方达成协议、解决纠纷的办法。

---

〔1〕李芳：《你会维护自己的权益吗？——从法律援助精品案件看维权要点》，载《河南日报》2010年5月13日，第13版。

调解在我国具有十分悠久的历史。在历史上，由于我国的封建社会历时较长，缺乏成文的民事法律作为审判的依据，再加上传统文化提倡"以和为贵，以让为贤"。所以，一旦有民事权益纠纷，当事人习惯在当地邀集同乡、同族中长辈耆老进行调解。从婚丧嫁娶到买卖土地房产、继承遗产等纠纷，一般愿在当地调解解决。即使现在，调解制度也在社会生活中发挥着重要作用，成为我国法律制度中的一大特色。

在我们国家，调解的种类很多。因调解的主体不同，调解有人民调解、法院调解、行政调解、仲裁调解以及律师调解等。上述案例，就是一个通过律师调解成功维权的典型案例。不同的调解种类，所调解的范围不同，但其所依据的基本原则基本不变。2010年8月28日，第十一届全国人民代表大会常务委员会第十六次会议通过了《人民调解法》，对人民调解制度进行了固化和规范。其中，第3条对此有明确规定：（1）在当事人自愿、平等的基础上进行调解；（2）不违背法律、法规和国家政策；（3）尊重当事人的权利，不得因调解而阻止当事人依法通过仲裁、行政、司法等途径维护自己的权利。

除了协商、诉讼和调解，解决民事争议还有一个十分重要的方法，那就是仲裁。按照法律意义上的一般解释，仲裁就是民事争议的当事人根据事前或事后订立的仲裁协议，自愿将其争议提交给非官方的仲裁员组成的仲裁庭进行裁判，并受其约束的一种制度。这种维权方法，可能对于许多人来说感到陌生，但是我们在解决许多纠纷，特别是事关劳务的纠纷中会经常用到的。

十级工伤索赔未果　申请仲裁当庭和解[1]

2005年11月23日，颜某受聘于深圳市龙岗区布吉某制品厂，任机器操作工，双方未订立劳动合同，工资按件计算，月工资在1450元左

---

[1]《十级工伤索赔未果　申请仲裁当庭和解》，载 https://lawyers. 66law. cn/s210224628700b_anli5354. aspx，最后访问日期：2024年9月14日。

右。2006 年 6 月 23 日，颜某在日常工作中受伤。6 月 29 日，深圳市劳动和社会保障局认定此次伤害为工伤，经治疗终结后，颜某被评为十级伤残。11 月 2 日，颜某提出辞职并于 12 月 2 日离开深圳市龙岗区布吉某制品厂。深圳市龙岗区布吉某制品厂已经为颜某参加了工伤保险，社保补助金领取正在办理过程中。2006 年 6 月厂方支付颜某工资 850 元，7~10 月厂方每月只支付颜某工资 400 元，11 月工资未支付。

颜某自发生工伤之后，厂方一直未能足额支付其工资（2006 年 6 月至 11 月的工资）。在离职后，颜某向厂方主张一次性工伤医疗补助金和一次性伤残就业补助金、住院伙食补助费，亦遭拖延。代理律师受托前往，

意在与厂方协商，不料吃了闭门羹，根本不能走进厂方大门。协商无望，颜某申请仲裁，提出了四项仲裁请求：工资及经济补偿金、一次性工伤医疗补助金、一次性伤残就业补助金和住院伙食补助费。

2007 年 1 月 5 日，仲裁庭审中厂方对后三项请求并无异议，主要争议焦点在工资及 25% 的经济补偿金上，究竟是按照"原工资福利待遇"还是按照"深圳市最低工资标准"，双方都站在自己的角度上作了平衡。最终，双方当庭达成调解协议，劳动争议仲裁委员会当庭下发并送达了调解书。

从某种程度上说，仲裁与调解很相似，比如，都遵循平等自愿的原则，都是第三者居中处理争议，都属于不借助国家权力处理争议的方式。因此，有些人会认为仲裁就是调解，实际上二者之间有本质的不同。比如，可调解的争议范围很广，但是可仲裁的争议范围就有限制。《仲裁法》第 3 条规定了两类不能适用仲裁的争议：（1）婚姻、收养、监护、扶养、继承纠纷；（2）依法应当由行政机关处理的行政争议。第

一类纠纷之所以不能适用仲裁，是因为它们虽然属于民事纠纷，但因为涉及当事人不能自由处分的身份关系，必须由法院作出判决或政府机关作出决定，不属于仲裁机构的管辖范围。另外，《仲裁法》还规定，劳动争议和农业集体经济组织内部的农业承包合同纠纷的仲裁，另行规定。也就是说，解决这类纠纷不适用仲裁法。这是因为劳动争议和农业集体经济组织内部的农业承包合同纠纷虽然可以仲裁，但它不同于一般的民事经济纠纷，因此只能另作规定予以调整。

总体来说，除文中介绍的4种方法之外，维权的方法还有很多，如投诉、申诉等。需要注意的是，一定要根据自己的维权内容，有针对性地选择适当的维权方法，这样才能事半功倍，使自己的合法权益得到及时有效的维护。

那么应如何选择仲裁机构？主要考虑以下因素：

（1）是否拥有一批专业素质优秀、道德水平高尚的仲裁员队伍；（2）是否具有一套先进的仲裁规则；（3）社会评价和裁决执行情况及效果；（4）有无行政色彩和地方保护主义；（5）机构的服务水平和态度如何。

另外，还要考虑以下因素：（1）如果是涉外案件，首先选择涉外仲裁机构——中国国际经济贸易仲裁委员会；（2）对于省际之间的经济纠纷，最好选用第三地的地方仲裁机构或者中国国际经济贸易仲裁委员会；（3）对于争议标的大、案情复杂的经济纠纷或性质独特的争议，应约定在仲裁水平高、处理争议能力强的仲裁机构仲裁。

思考题

1. 你是否具有维权意识？
2. 维权的方法有哪些？

第三节　重视时效和证据

> 证明责任乃诉讼的脊梁。
>
> ——罗森贝克

一位网友分享了自己历时 7 个月租房维权成功的经历。他按照程序退房后房东却扣下了押金，和房东协商失败后，他整理了租房期间的各项证据，到基层法院立案。在开庭过程中，对方先后拖延、反诉、上诉，但他完整保留了租房期间的合同、与房东的沟通记录等证据，最终法院依法判决房东退还押金。

这个案例告诉我们：维权是一项技术性的事情，如果对法律缺乏基本的了解，没有掌握一些基本的技巧和常识，可能维权的效果就不甚理想。那么，对普通人来说，在维权过程中，有哪些关键性的问题需要把握和了解呢？

首先就是诉讼时效问题。法律上规定诉讼时效是为了督促权利人及时行使权利，也是为了维护既定法律的稳定。相对于权利的行使来说，法律时效的规定就如同产品的"保质期"，一旦超过了法律所规定的诉讼时效，即使权利人主张权利，可能也不会得到法律上的支持，权益就无法得到有效的维护。

申请仲裁时限是 60 天　否则有理也不会胜诉[1]

王先生因违纪于 2004 年 1 月 4 日被单位解除劳动合同，但是王先生拒绝在单位送达的解除劳动合同通知书上签字。2004 年 3 月 1 日单

---

[1] 《申请仲裁时限是 60 天　否则有理也不会胜诉》，载 https://sj. yuzhua. com/laodongji-ufen/257083. html，最后访问日期：2024 年 9 月 14 日。

位将王先生的档案转至其户口所在地的街道办事处，并于当日向他发出了"失业人员登记通知单"，告知其办理失业登记等相关手续，此后他一直在街道领取失业救济金。王先生一直觉得委屈，但听说申请劳动仲裁

的时限只有 60 天〔1〕，也就是说，自发生争议之日起 60 日内如果不申请劳动仲裁，就失去了胜诉的权利。此前由于不了解法律的这项规定，他已经超过了 60 天的仲裁时限。在别人的"指点"下，他到街道办事处开了一个证明，证明档案中有一个 2004 年 1 月 4 日被单位解除劳动合同的证明，落款时间是 2004 年 6 月 29 日，于是他以 6 月 29 日才知道被解除劳动合同为由，向仲裁委提出申诉，要求继续履行劳动合同并补发工资。

仲裁委经审理后认为，王先生在 2004 年 1 月 4 日即知道单位与他解除了劳动合同，而他提出劳动仲裁申请的时间是 2004 年 6 月 29 日，已超过了 60 天的仲裁时限，所以仲裁委对王先生的申诉请求予以驳回。

诉讼时效是维权过程中最容易被忽视的问题。诉讼时效因其法律的规定使其具有强制性，主要表现在任何时效都由法律、法规强制规定，任何单位或个人对时效的延长、缩短、放弃等约定都是无效的。在我们实际维权的过程中，一定要了解一些法律上的具体时限，特别是通过行政复议、行政诉讼等法律途径维护自身合法权益，或者申请工伤认定、职业病诊断与鉴定等，一定要注意在法定的时限内提出申请。如果超过了法定时限，有关申请可能不会被受理，致使自身权益难以得到保护。

---

〔1〕 2008 年 5 月 1 日《劳动争议调解仲裁法》实施后，劳动仲裁的时效变更为 1 年。之前，适用《劳动法》中的规定，时效为 60 天。

各类诉讼时效的期限

（一）民法上的诉讼时效

1. 普通诉讼时效

根据《民法典》第 188 条，向人民法院请求保护民事权利的诉讼时效期间为 3 年。法律另有规定的，依照其规定。诉讼时效期间自权利人知道或者应当知道权利受到损害以及义务人之日起计算。法律另有规定的，依照其规定。但是，自权利受到损害之日起超过 20 年的，人民法院不予保护，有特殊情况的，人民法院可以根据权利人的申请决定延长。

2. 特殊诉讼时效

分期履行债务的诉讼时效：根据《民法典》第 189 条，当事人约定同一债务分期履行的，诉讼时效期间自最后一期履行期限届满之日起计算。

对法定代理人请求权的诉讼时效：根据《民法典》第 190 条，无民事行为能力人或者限制民事行为能力人对其法定代理人的请求权的诉讼时效期间，自该法定代理终止之日起计算。

受性侵未成年人赔偿请求权的诉讼时效：根据《民法典》第 191 条，未成年人遭受性侵害的损害赔偿请求权的诉讼时效期间，自受害人年满 18 周岁之日起计算。

（二）刑法上的诉讼时效

《刑法》关于追诉时效，规定犯罪经过下列期限不再追诉：（1）法定最高刑为不满 5 年有期徒刑的，经过 5 年；（2）法定最高刑为 5 年以上不满 10 年有期徒刑的，经过 10 年；（3）法定最高刑为 10 年以上有期徒刑的，经过 15 年；（4）法定最高刑为无期徒刑、死刑的，经过 20

年。如果 20 年以后认为必须追诉的，须报请最高人民检察院核准。我国《刑法》还规定，在人民检察院、公安机关、国家安全机关立案侦查或者在人民法院受理案件以后，逃避侦查或者审判的，不受追诉期限的限制；被害人向有关机关提起诉讼本该受案而没有受案的，不受追诉时效限制。

（三）行政法上的诉讼时效

《行政处罚法》规定，违法行为在 2 年内未被发现的，不再给予行政处罚；涉及公民生命健康安全、金融安全且有危害后果的，上述期限延长至 5 年。法律另有规定的除外。

前款规定的期限，从违法行为发生之日起计算；违法行为有连续或者继续状态的，从行为终了之日起计算。

《治安管理处罚法》规定，违反治安管理行为在 6 个月内没有被公安机关发现的，不再处罚。前款规定的期限，从违反治安管理行为发生之日起计算；违反治安管理行为有连续或者继续状态的，从行为终了之日起计算。

因纳税人、扣缴义务人计算错误等失误，未缴或者少缴税款的，税务机关在 3 年内可以追征税款、滞纳金；有特殊情况的，追征期可以延长到 5 年。

对偷税、抗税、骗税的，税务机关追征其未缴或者少缴的税款、滞纳金或者所骗取的税款，不受前款规定期限的限制。

维权中除注意诉讼时效问题外，还有一个关键性的问题，就是要学会用证据维权。民事争议的诉讼中有一个十分重要的原则，即"谁主张，谁举证"，意思是权利人提出权利诉求时必须负有举证责任，这和行政诉讼、刑事诉讼中的举证责任有着十分明显的区别。所以，也可以说，诉讼在很大程度上打的就是证据。

打赢官司证据很关键[1]

刚刚 9 岁的小黎，2 年前在父母租住的一家民房的房顶玩耍时，从没有护栏的七楼楼顶摔到四楼阳台，造成胸椎多发性骨折并截瘫。小黎的父母在万般无奈的情况下向郑州市金水区法律援助中心求助。当时，除了医疗费票据，小黎家没有任何向房东寻求赔偿的证据。律师在查看现场时发现，房东的楼顶天井一侧没有安装护栏，天井上仅覆盖了一层薄薄的遮阳薄膜和楼顶连成一片，未设置任何警示标志，认为房东应该承担主要责任。

经过多方取证，小黎家人终于拿到了关键性的证据，如支付房租的收据、暂住证等；小黎从房顶摔伤的证人证言、与房东的谈话录音等；房东房顶天井存在安全隐患的现场录像、照片等；小黎身体受伤害的事实和所受经济损失的住院病历、医疗费票据、护理证明、交通费票据等。

最终，法院认定房东没有对其出租房屋的安全管理尽到足够的安全防范义务，且其房屋存在安全隐患，应当对小黎的损失承担主要责任，遂判决房东承担小黎损失的 60%，共计 44 778.90 元。

我们通常所说的证据，是指能够证明案件真实情况的各种事实，也是法院认定有争议的案件事实的根据，是一个案件成功与否的关键。所以，我们在平时生活中，应该养成保存证据的习惯，像打车、吃饭等各类消费要有发票，特别是涉及劳动关系时，更要留有证据，以防出现法

---

[1]　李芳：《你会维护自己的权益吗？——从法律援助精品案件看维权要点》，载《河南日报》2010 年 5 月 13 日，第 13 版。

律上的纠纷。比如，与用人单位签订的劳动合同，或者与用人单位存在事实劳动关系的证明材料、工资单、用人单位签订劳动合同时收取押金等的收条、用人单位解除或终止劳动关系通知书、出勤记录等；发生工伤或职业病后的医疗诊断证明或者职业病诊断证明书、职业病诊断鉴定书、向劳动保障行政部门寄出举报材料等的邮寄回执；劳动保障部门告知投诉受理结果或查处结果的通知书等。

当然，对成功维权来说，仅注意了诉讼时效与证据问题显然是不够的。因为在维权过程中还是需要相当的法律知识为基础的。如果你是一个对法律规定并不十分精通的人，那么建议在出现纠纷时，最好向专门的社会机构寻求帮助，这样才能保证受损害的权益及时有效地得到维护和救济。

可以提供法律帮助的机构主要有以下几类：

法律服务所：提供文书代拟、法律咨询等基础服务。

律师事务所：处理法律事务、打官司、辩护等。

公证处：依据法律和事实证明合同、遗嘱、身份等情况的真实性、合法性。

法律援助中心："弱者的保护神"，为符合条件的经济困难群体或特殊案件当事人提供免费的法律服务。

思考题

1. 超过法律规定的诉讼时效，相关申请一定不会受理吗？

2. 在维权过程中，如何有效管理诉讼时效，确保自己的权益不会因时效过期而丧失法律上的保护？

推荐书目

1.《打官司看图一点通》，荣丽双，中国法制出版社 2020 年版。

2.《少吃点生活的亏》，李浩源编著，北京联合出版有限公司 2022 年版。

推荐电影

《全民目击》（2013 年），非行执导。

第十篇 自律

法律以明确的条文，规范、引导着人们的行为，并通过对违法犯罪行为的惩处，对社会大众起到震慑和警诫的作用，属于他律机制。但这种法律的他律只是一种事后惩处，是守住社会公序良俗的最后一道防线。对我们每个人来说，增强自律意识，时时以道德的力量约束我们的行为，将法律的外在约束转化为内在约束，把法律的外在导向转化为内在导向，从而最大可能地"禁未然于前"，才能使我们在行事之前自然地止步于法律的红线之外。

【阅读提示】

1. 理解法律的他律机制及其作用。
2. 探讨自律意识在法律遵守中的重要性。
3. 分析法律他律与自律的相互关系及其实践意义。

第一节　关键时刻劝住自己

君子以细行律身，不可以细行取人。

——魏源

什么是自律？即自己约束自己，以遵循法律和其他社会规范。

北宋诗人梅尧臣写过这么一首诗：

《闻进士贩茶》[1]

山园茶盛四五月，江南窃贩如豺狼。

顽凶少壮冒岭险，夜行作队如刀枪。

浮浪书生亦贪利，史笥经箱为盗囊。

津头吏卒虽捕获，官司直惜儒衣裳。

却来城中谈孔孟，言语便欲非尧汤。

三日夏雨刺昏垫，五日炎热讥旱伤。

百端得钱事酒卮，屋里饿妇无糇粮。

一身沟壑乃自取，将相贤科何尔当。

诗里的茶事，不是阳春白雪雅致生活，而是进士贩茶的种种丑态。作这首诗时梅尧臣54岁，正值为母丁忧之期，居住在老家宣城。虽然远离官场，但诗人仍然关心时事新闻。这年五月的一天，梅尧臣从朋友口中听闻了一则怪事——进士贩茶。我们都知道，宋朝的茶叶贸易，在交引茶制下是由政府垄断的，私贩茶叶在宋代一直是违法行为。但在利益驱使下，私贩茶叶行为屡禁不止，甚至连进士也参与私贩茶叶，知法

---

[1]　（宋）梅尧臣：《闻进士贩茶》。梅尧臣，字圣俞，世称宛陵先生，北宋诗人、官员。

犯法。换言之，梅尧臣笔下的贩茶进士，实际上成了违法乱纪的私茶贩子。

北宋对贩茶一直严厉打击。虽不必处死，但惩罚力度仍然很大。难道那些文弱书生就不怕严刑峻法吗？自然也是怕的。但是读书人走私，风险会低很多。一是文弱书生看起来更有迷惑性，二是宋代尊重读书人，总要网开一面。而这却成了他们知法犯法的"资本"，干脆把"儒衣裳"当作护身符。

那些浮浪书生为掩人耳目，将茶叶隐藏在"史笥经箱"之中，用书箱装茶，往往能够逃避关卡的盘查，即使被抓了个现行，官司看在是读书人的份上，审判时总会减轻处罚，被释放之后，仍不思悔改。他们游走于法律的边缘，将非法牟利得来的钱财，随意挥霍，纸醉金迷……

可见，这些书生为了满足自我，摒弃了读书人的风骨，自然也不会有好的结果，最终不免丧身于沟渠，至于金榜题名、封妻荫子，就更与这些人无缘了。

梅尧臣诗中的这些进士，知法犯法，一个重要原因就是缺乏良好自律意识和道德修养，在面对诱惑时不能克制内心冲动，进而触碰法律红线。他们的行为，同样折射出了许多人面对同类问题的心理状态。利欲熏心，为了满足自我知法犯法，在现实生活中也不止一例。更有些人通过学习法律打擦边球，严重扰乱正常社会秩序，破坏良好法治环境。

心存侥幸醉酒驾驶　知法犯法难辞其咎
——陈某某危险驾驶案[1]

（醉驾取保候审期间再次醉驾且逃避
公安机关依法检查的，依法从重判处实刑）

2023年10月13日21时3分许，被告人陈某某驾驶灰色五菱牌小型普通客车，沿辽宁省鞍山市立山区鞍千路由西向东行驶至某中学门前

---

[1] 参见辽宁省鞍山市立山区人民法院（2024）辽0304刑初57号刑事判决书。

路段时，被执勤民警当场查获。经鉴定，陈某某血液酒精含量为 111 毫克/100 毫升，属于醉酒。同年 10 月 18 日，陈某某因涉嫌危险驾驶被公安机关取保候审。

2023 年 12 月 4 日 22 时 18 分许，被告人陈某某在驾驶证被吊销期间驾驶灰色五菱牌小型普通客车，沿鞍山市立山区胜利北路由南向北行驶至北出口地道桥北口路段时，遇民警查处酒驾，遂驾车闯卡。当其行至某石油立山经营处加油站南侧时，被执勤民警拦截，其拒绝呼气式酒精含量检测。经鉴定，陈某某血液酒精含量为 116 毫克/100 毫升，属于醉酒。

辽宁省鞍山市立山区人民法院于 2024 年 2 月 2 日作出（2024）辽 0304 刑初 57 号刑事判决：被告人陈某某犯危险驾驶罪，判处拘役 2 个月，并处罚金 2000 元。宣判后，在法定期限内没有上诉、抗诉，判决已经发生法律效力。

"徒法不足以自行。"无论是宋代贩卖私茶的进士，还是现代侥幸心理和冒险心理持续作祟的醉驾入罪，都充分说明了这样一个道理：具备一定法律知识和法律观念，并不代表就一定会奉公守法，成为一个守法的公民。法律的外在约束只是做人的"底线"，如果不能在关键时刻以自律机制规劝自己，也一样会掉进犯罪的深渊。

任何事物的发展变化，都与内因和外因这两个关键因素有着密不可分的关系。外因是事物变化的基础和条件，内因才是导致事物变化的关键和根本。外因只有通过内因才能发挥作用，内因决定着外因的效果和影响。对预防和制止违法犯罪行为来说，法律只是外因，通过事后处理彰显和体现警诫、惩罚的作用，是一种依靠国家强制力保证实施的他律机制。法律并不能天然地消灭或预防犯罪。只有依靠社会个体的自律机制,才能将法律的外在约束转化为内在约束,把法律的外在导向转化为内在导向,从而最大可能地"禁未然于前"。

法律是维持国家社会运转的必要条件,是一种外部的制约机制。将法律根植于内心,树立明确的是非观和强大的自制力,才能形成有效的内部制约机制,在面对诸多选择时,考虑后果,克制自己。《荀子·解蔽》里有这么一句话:"凡观物有疑,中心不定,则外物不清;吾虑不清,则未可定然否也。"可以说,思想是行动的先导,只有思想上清醒,才能行动上自觉。思想上的清醒就是笃定目标,坚定立场,对现实问题有冷静分析,对大是大非有明确判断,对事物发展有正确看法。只有思想上坚定,在关键时刻劝住自己,才能"不畏浮云遮望眼",不为干扰所惑,不为风险所惧,在大是大非面前才不会失去判断力。

元代哲学家、政治家、诗人许衡做官之前,有一年夏天外出,天热感觉口渴难耐,刚好路旁有棵梨树,众人纷纷前去摘梨解渴,只有许衡一人不为所动。有人问他为什么不去摘?许衡回答说:"不是自己的梨,岂能乱摘!"那人劝解道:"乱世之时,这梨是没有主人的。"许衡听了以后,严肃地说道:"梨树没有主人,难道我的心中也无主吗?"

的确,每个人都不能"心"中无主,不能没有为人做事的原则和底线。我们生活在现代社会里,诱惑、矛盾和冲突谁都无法避免。妥善处理这些诱惑、矛盾和冲突,是每个人都可能随时面对的问题。以"道德力量"约束内心,以"法律制度"约束行为,应该成为每个人最基本的生活准则。高墙与社会其实只有一步之遥,关键时候就看自己能否走好这一步。所以,当准备伸手去攫取不当利益时,不妨想想后果和为人处世的准则。当挥起拳头、大棒以泄心中怒气时,不妨控制一下情绪仔细思量,再深呼几口气。每一个选择都是人生的关键时刻,在关键时刻能劝得住自己,可能就走好了人生的关键一步,使自己不至于遭受难以消解的苦痛和煎熬。

与许衡相比,东汉清官杨震也是一位世人称道的自律典范,世人皆称其为"四知太守"。

杨震，人称"关西夫子"，是一位出了名的清官。在他赴任东莱太守的途中，经过昌邑。当时的昌邑县令王密，是他任职荆州刺史时提拔的官员。王密听说杨震路过本地后，为了报答当年提携之情，于是白天去谒见杨震，晚上则准备了白银十斤赠送给杨震，并低声地说："这是黑夜，无人知道，你就放心地收下吧！"杨震脸色深沉，斥责道："有天知、地知、我知、你知，怎么能说没有人知道呢？自古以来，君子慎独，哪能以为无人知道，就作出违背道德的事呢？"王密听了以后，惭愧难当，赶紧起身谢罪，收拾起银子走了。

一句"天知、地知、我知、你知"，掷地有声，使杨震有了"四知太守"的美誉。反观现代社会，知法而不能守法，甚至执法者也会沦为违法犯罪分子，在现实生活中有许许多多这样的例子。或痴迷情感，或贪于物欲，或沉迷美色，或逞一时之勇……在强大的利益和诱惑驱使之下，许多人在自我满足中尝到了甜头，却在法律制度前栽了跟头。试想，如果我们每个人在行事之前，都能像"四知太守"杨震那样，自觉地运用自律的约束机制，关键时刻多劝劝自己，先行自我衡量和判断，再作出符合道德和法律要求的抉择，那么，违法和犯罪还会与我们有缘吗？

法规矫恶习　真情促新生[1]
——北京市监狱罪犯曹某的教育转化案例

曹某，2011 年因犯故意杀人罪，被判处死刑缓期二年执行，2013年减为无期徒刑。入监后，曹某没有深刻认识和反省自身的问题，遇事易冲动，崇尚用暴力解决问题，改造表现较差，违纪不断。在监狱服刑期间，再次犯罪，2018 年 3 月曹某因琐事用开水烫伤同监舍罪犯，被判破坏监管秩序罪，加刑一年六个月。

在对曹某的教育转化中，攻坚转化小组结合其性格特征、家庭关系

---

〔1〕《法规矫恶习　真情促新生——北京市监狱罪犯曹某的教育转化案例》，载 https://alk.12348. gov. cn/Detail？dbID＝22&dbName＝JYJG&sysID＝6425，最后访问日期：2025 年 1 月 7 日。

等情况，通过上好"两把锁"，即"法律红线"锁、"规矩底线"锁，层层锁住曹某内心的暴力倾向，帮助曹某控制自己的不良言行；通过点亮"两盏灯"，即"真情关怀"灯、"亲情温暖"灯，点亮曹某心中对生活的希望；通过内视观想带其"回顾人生路"，引领曹某真心悔过、知恩感恩。在内视观想体会中，曹某写道，"作为儿子我没有尽孝，作为父亲我没有尽责，服刑多年恶习未改还烫伤别人，给监狱带来了极坏的影响，今后我一定严格要求自己，让家人不再为我担心"。经过民警五年来坚持不懈地教育转化，曹某的现实改造表现有了明显改观，各项评估得分与最高时期相比明显下降，违规违纪行为显著减少，改造积极性极大增强，人际关系也有了明显改善。

这是一起缺乏基本法律意识以及自律意识的狱内再犯罪案例，自律意识的缺乏容易导致人思维判断力的减弱，价值观和世界观的歪曲，进而加大发生违法犯罪行为的可能性。但在民警的教育帮助下，曹某改掉了坏脾气，注入了积极向上的自律意识，由最初的"暴力冲动"转变为积极改造，无疑是脱胎换骨。曹某的蜕变告诉我们，将法律根植于心，树立明确的是非观和强大的自制力，才能形成有效的内部制约机制，在面对问题甚至冲动情绪时考虑后果，克制自己。

法律就像悬在头顶上的达摩克利斯之剑，在面对欲望、诱惑时，在面对矛盾、冲突时，我们都应该想想头顶的达摩克利斯之剑，以法律和道德为标准，在关键时刻圈住自己，将法治意识内化于心、外化于行。每一个选择都是人生的关键，让遵纪守法成为一种自觉，让依法办事成为一种自然，让自己对法律保持尊敬与畏惧，这样法治的正能量才会源源不断地释放，而我们才会心有约束，离违法犯罪越来越远。

思考题

1. 当你面对冲动情绪时，该怎样劝住自己？

2. 在日常生活和工作中，我们如何平衡个人自由与法治原则，确保自己的行为既符合个人价值观，又不违背法律和社会规范？

第二节　切莫恶小而为之

> 千里之堤，溃于蚁穴。
>
> ——《韩非子·喻老》

一个人偷拿了邻居家一根针，结果被人抓住并告官。法官在量刑时却定了与一位偷牛贼同样的罪。小偷很不服气，问法官为什么偷了区区一根针却被判得与偷牛一样重。没等法官回答，偷牛贼抢着说："我当初就是从拿别人一根针开始的。"

看了这个故事，或许你会禁不住地一笑。但笑过之后，不知道你是否认真地想过，那个偷牛贼的回答是不是满含哲理呢？

不要以为这只是一个流传得较为广泛的小故事而已。在现实生活中，小毛病改变一个人的命运、毁掉一个人的一生的事例也不在少数。看看那一个个让人愤恨的窃贼，大多数是从小偷小摸发展来的；而那些问题少年，也有很多是被一些不良习惯的累积改变的；身陷囹圄的贪污腐败分子，也多是从吃喝开始、从小数额的受贿发展到巨贪大贪的。

少年与"恶"的距离[1]
——河北邯郸初中生被害案一审宣判

被告人张某某、李某（均时年 13 周岁）与同班同学王某某（被害人，殁年 13 周岁）存在矛盾，经张某某提议，二人多次共谋杀害王某某后平分王某某钱财。张某某选定一废弃蔬菜大棚为作案地点，并提前携带铁锹挖坑进行犯罪准备。2024 年 3 月 10 日下午，张某某将王某某

---

[1] 《河北邯郸初中生被害案一审宣判》，载 https://www.spp.gov.cn/zdgz/202412/t20241230_678121.shtml，最后访问日期：2025 年 1 月 7 日。

骗出，因李某的电动自行车需置于被告人马某某（时年13周岁）家充电，李某骑马某某的电动自行车载马某某，张某某骑自己的电动自行车载王某某，共同前往张某某事先选定的蔬菜大棚。途中，李某受张某某指使将二人欲杀害王某某一事告知马某某。四人进入大棚后，张某某首先持铁锹动手并直接实施杀害王某某的行为，李某帮助控制王某某，马某某见状离开大棚。张某某、李某共同致王某某死亡后，将尸体掩埋。三被告人骑电动自行车逃离现场，张某某将王某某手机微信账户中的钱转入自己微信后与李某平分，将王某某手机卡取出指使马某某砸毁，将手机交由李某扔弃。案发后，马某某首先交代并指引公安人员找到埋尸现场。河北省邯郸市中级人民法院认为，被告人张某某、李某故意非法剥夺他人生命，其行为均已构成故意杀人罪。张某某、李某经预谋后将被害人王某某杀害并埋尸，手段特别残忍，情节特别恶劣，作案时已满12周岁不满14周岁，依照《刑法》第17条第3款的规定，应当负刑事责任。

2024年12月30日，河北省邯郸市中级人民法院一审公开宣判被告人张某某、李某、马某某故意杀人一案，对被告人张某某以故意杀人罪判处无期徒刑，剥夺政治权利终身；对被告人李某以故意杀人罪判处有期徒刑12年；对被告人马某某依法不予刑事处罚，进行专门矫治教育。

在案发后，被采访的当地居民表示，以上3名犯罪嫌疑人均为留守儿童，父母疏于管教，在平常就存在撒谎、逃学甚至霸凌他人的情况。

这起引发热议的事件，除案件本身的恶劣程度外，更让人感到不可思议的是犯下如此恶行的涉案人年纪如此之小。除家庭教育的原因外，更值得人们深思的是3名犯罪嫌疑人从撒谎、霸凌再到杀人，这些行为的恶性程度是呈几何倍数增长的。《国语》中有这么一句谚语："从善如登，从恶如崩。"意思是学好难如登山，学坏易似山崩。恶德、恶行往往会给人一时的快感和享受，引人沉迷放纵，综观社会上很多违法背德事件的当事人，无不是在细节上不遵守公序良俗，一点点积累，直至走向犯罪。这就像山崩一样。习近平总书记曾说，"人生的扣子从一开始就要扣好"，第一粒扣子扣错了，以后必然会一错再错，最终走向堕落和灭亡。一开始的小错如果不及时纠正，那么势必会越错越大，走向无法挽回的深渊。

靠企吃企　难抵诱惑终自毁[1]

在谢某敏任荷塘镇党委书记时，不间断收受某企业老板送的礼品礼金，收受企业钱款为其承揽上亿元的工程项目。在任娄底经开区党委委员时，谢某敏利用协管创建文明城区、创建卫生城市的职权，想方设法为同学杜某的公司谋取城市路面保洁业务，其目的是自己能从中分一杯羹。仅此一项，谢某敏先后受贿90余万元。经查，谢某敏违反中央八项规定精神，收受礼品礼金共计78万余元。利用职务便利，为他人谋取利益并非法收受钱款360余万元。

2023年6月，谢某敏因涉嫌严重违纪违法，接受娄底市纪委监委纪律审查和监察调查。2023年11月，谢某敏被开除党籍、开除公职，其涉嫌犯罪问题被移送检察机关依法审查起诉。

从一开始"小打小闹"的红包礼金，到利用职权插手工程项目，以入股、回扣、借钱的方式收受老板及下属的贿赂，从收受到索取，由小额到巨款，贪欲如冲开闸口的洪水，想收也收不住了。谢某敏为了自

---

〔1〕《警钟｜靠企吃企　难抵诱惑终自毁》，载 https://www.ccdi.gov.cn/jzn/202405/t20240 522_349569_m.html，最后访问日期：2024年9月13日。

己的小利益、"小算盘"，滥权逐利、靠企吃企，最终触犯纪法红线，在疯狂敛财中将自己一步步送进深渊。

谢某敏在自己的忏悔录中是这么写的：

"贪婪的种子一旦种下，就迅速生根发芽，野草般疯狂地占领了我的整个身心，也主宰了我的言行。"

"2012年，组织上把我提拔到娄底市经济重地经开区直接进班子，按理我该心怀感恩，竭心尽力，克己奉公，可我却很快就受一些不良风气的影响，得意忘形，丢掉原来的优良作风，琢磨起怎么既当好官又发好财来，这个错误贪婪的念头一动，各种'花花肠子'就冒了出来，顺朋友之便念'入股'经，借老乡之名念'生意'经，假下属之手念'回扣'经，趁过年之机念'红包'经，算平衡账念'借钱'经，最终铸成人生大恨，再难回头。"

"我连底线在哪都不知道，违法犯罪也就成了必然。"

"'正义也许会迟到，但一定不会缺席'。这是对我违纪违法难逃惩处的最好诠释和注脚，也是我对仍在岗位上同志们的血泪劝诫：天网恢恢，疏而不漏，悬崖须勒马，欲海早回头啊！我真诚向组织向人民忏悔，愿把我的惨痛悲剧、深刻悔悟与大家共鉴，希望能吸取我的血泪教训，不再重蹈我的悲剧人生。"

其实不少落马的领导干部误入歧途，都是从第一次收受小红包、第一次参加饭局、第一次笑纳小礼品等众多"第一次"开始的。然而，就是这"第一次"，像是打开了潘多拉魔盒一样，一发而不可收拾。有了第一次，必定有第二次、第三次……继而欲壑难填，变得如泛滥之水，滔滔难遏。

"勿以恶小而为之，勿以善小而不为"，这是刘备在托孤遗诏中对儿子刘禅的告诫之言，被历代的许多人作为座右铭、奉为箴言。这句话讲的是做人的道理，只要是恶，即使是小恶也不做；只要是善，即使是小善也要做。对于"培养我们的法律观念和意识，养成自律的习惯"

这一点来说，牢记"勿以恶小而为之"更是大有裨益。

"恶小"的危害在于它小，小到我们可能不去重视它。然而，正是由于它小从而放松了对它的警惕，甚至一味地纵容、迁就和姑息，养成了习惯，也就在不知不觉间让这种"小恶"侵蚀了自己的生活。看看那些走上腐败道路的人，就更能证明这一点。他们或不注意自己的社交活动，在交往过程中相互攀比，从而铤而走险做错事；或不注意自己的交友原则，和那些危险的、生活腐败的人走得太近，在一步步的引诱下走上了歧路；或流连于一次次宴请、一次次洗浴，或者一场场牌局，慢慢地超过了一定的范围，开始了腐败的行程；或在小利益面前禁不住诱惑，私吞私占，因无法收手而迈入深渊。这些最初的行为或思想，对于任何一个贪污腐败者的整个生活轨迹来说，无一不是蚁穴般的微小，但是小恶最终葬送了他们的家庭、事业和政治仕途。

孔子在两千多年前发出感慨："吾未见好德如好色者也。"从善越是难，从恶越是易，人们越是要从小处入手，加强内心的自律。古人有云，"善不积不足以成名，恶不积不足以灭身"，任何结果都是积累而成的，强大的自律意识和自我约束源于自身有一定的道德追求。一个社会的发展和文明程度，不仅表现在经济发展水平和物质生活的富足上，更表现在整个社会的思想、文化水平和民众的道德觉悟上。

法律是成文的道德，而道德则是内心的法律。我们在遵守社会公德和宪法法律的同时，更应该注重私德。一般在有人监督的情况下，绝大多数人注意自己的行为，不做违背道德和法律的事情，但关键就在于无人注意时。暗室不欺，是每个人应有的一种修养境界。而这种修养也是自律的前提，在一定的自我要求下，才会对"恶小"产生足够的警惕，对是非善恶、虚假真伪具有高度的敏锐性和极强的洞察力，在私利、私欲面前自念"紧箍咒"，在金钱欲望面前自设高压线，在应生不当心思之前自筑防火墙。常怀律己之心，不做违法犯罪之事，不取不义之财，才会远离犯罪的深渊。

从现在起我们应该注重每一个细微之处，播下"恶小勿为"的行动，收获"善小而为"的习惯，坚持自律，让自己时刻警惕不动不该有的心思，不做不该做的事。自觉树立和践行社会主义核心价值观，始终保持积极的人生态度、良好的道德品质、健康的生活情趣。将法律内化为心中的道德与自律，外化为行动自觉，成为社会主义法治的崇尚者、践行者，以自律打造自己的美好人生！

延伸阅读

低龄不是恶性犯罪的"免罪金牌"[1]

从中华人民共和国成立之初的刑法草案到 2021 年施行的《刑法修正案（十一）》，可以清晰地看到我国未成年人犯罪刑事立法的发展过程。

1950 年，《刑法大纲草案》规定的刑事责任年龄起点是 14 周岁；1954 年，《刑法指导原则草案（初稿）》将刑事责任年龄起点从 14 周岁下调到 12 周岁；1957 年，《刑法草案（初稿）》又将刑事责任年龄起点调整为 13 周岁；1963 年 10 月和 1979 年 5 月的刑法草案中，刑事责任年龄起点恢复到 14 周岁；1979 年公布《刑法》，1997 年《刑法》修改，两次均确定刑事责任年龄起点是 14 周岁。

不满 14 周岁的未成年人实施杀人等严重犯罪，因没有达到刑法规定的刑事责任年龄不受法律制裁，一定程度上侵害了民众的正义情感，要求刑法降低刑事责任年龄起点的呼声越来越高。

为了回应民众关切，《刑法修正案（十一）》在《刑法》（2019 年修正）第 17 条新增第 3 款规定："已满 12 周岁不满 14 周岁的人，犯故意杀人、故意伤害罪，致人死亡或者以特别残忍手段致人重伤造成严重残疾，情节恶劣，经最高人民检察院核准追诉的，应当负刑事责任。"

---

〔1〕 伍红梅等：《低龄不是恶性犯罪的"免罪金牌"》，载《河南法制报》2024 年 4 月 11 日，第 3 版。

这一规定将我国刑事责任年龄起点从 14 周岁有条件地下调到 12 周岁，在立法上为惩处低龄未成年人严重暴力犯罪提供了一条路径。

思考题

1. 怎么从"善小"着手，杜绝"恶小"的产生？

2. 在日常生活中，我们如何将社会主义核心价值观内化为自己的价值观，并通过自律和实际行动来践行这些价值观？

第三节　对法律心存敬畏

> 人心似铁，官法如炉。
>
> ——《警世通言》

20世纪80年代，在西北的一座军营里，有个军嫂带着女儿探望丈夫。冬季寒冷，当时没有暖气，只能生炉子取暖。女儿三四岁，对这个大炉子很感兴趣，围着转来转去。父亲发现之后，就握住女儿的手碰了一下滚烫的炉壁。孩子的手瞬间烫红，开始大哭。面对母亲愤怒的质问，父亲说："孩子对炉子很感兴趣，你看她跃跃欲试的样子，总是想靠上去，一不小心就可能烧成重伤，我握着她的手触碰炉子，就是要让她知道那是红线，绝对碰不得！现在，她会有一点疼，但她这一生，不会再被火烧伤了。"

心中有敬畏，行为就不过分。而对我们来说，法律就是那道绝对碰不得的红线！法律作为一种规范体系，旨在维护社会的秩序和公正，确保人们的权益得到保护。法律的存在鞭策着人们约束自己的行为，其制定和执行本身就是一种自律的表现。敬畏法律的本质是重视并且对照法律时刻约束矫正自己的行为，是一种源自内心的尊崇与信仰。因此，只有对法律产生真正的敬畏，才能做到慎独慎微、心有所畏、言有所戒、行有所止。

明代政治家吕坤在《呻吟语》中有云，"畏则不敢肆而德以成，无畏则从其所欲而及于祸"。心中有所敬畏，言行不敢放纵，才能养成良好的德行操守。有智慧的人用敬畏来防止事后忏悔，而愚蠢的人因无所畏惧而不知悔改。明代学者方孝孺在《家人箴》中也说："有所畏者，其家必齐；无所畏者，必怠其睽。"可见，他们对于人要有敬畏之心都是深有体会的。人总是要有所畏惧的。敬畏是每个人在内心的自我约束。心存敬畏可以使人持身严正，端正行事。相反，就会丧心病狂、肆无忌惮、无所不为、我行我素、无法无天。总之，没有敬畏，纵然有千万条法律、千万条纪律、千万条制度、千万双眼睛，也会钻法律、政策、准则、守则的空子做丑事、坏事、恶事，或者在没有人看见的时候违纪、违法、犯罪。

罗某侵害英雄烈士名誉、荣誉附带民事公益诉讼案[1]

——在网络平台上侮辱英雄烈士，构成侵害英雄烈士名誉、荣誉罪并应承担民事责任

2021 年，罗某观看《长津湖》电影和纪录片后，为博取关注，使用新浪微博账号（粉丝数 220 余万）发帖，侮辱在抗美援朝长津湖战役中牺牲的中国人民志愿军"冰雕连"英烈。上述帖文因用户举报被平台处理，此前阅读量 2 万余次。罗某次日删除该帖文，但相关内容已经在网络上广泛传播，引发公众强烈愤慨。罗某曾系知名媒体人，曾使用上述账号先后发表侮辱、嘲讽英雄烈士等帖文 9 篇，其账号被平台处置 30 次。海南省三亚市城郊人民检察院提起刑事附带民事公益诉讼，认为应当以侵害英雄烈士名誉、荣誉罪追究罗某刑事责任，建议判处有期徒刑 7 个月，同时请求判令罗某承担相应民事责任。

海南省三亚市城郊人民法院 2022 年 5 月 5 日作出（2022）琼 0271 刑初 104 号刑事附带民事判决：一、被告人罗某犯侵害英雄烈士名誉、荣誉罪，判处有期徒刑 7 个月；二、随案移送的作案工具手机一部予以

---

〔1〕　参见海南省三亚市城郊人民法院（2022）琼 0271 刑初 104 号刑事附带民事判决书。

没收，上缴国库；三、附带民事公益诉讼被告罗某应自本判决生效之日起10日内在新浪网、《法治日报》和《解放军报》上公开赔礼道歉（公开赔礼道歉内容须经本院审核，逾期不履行，本院将根据附带民事公益诉讼起诉人的申请，在上述网站及报纸上公布判决主要内容）。

宣判后，被告人罗某未上诉，检察机关未提出抗诉。一审判决生效。

习近平总书记指出："党纪国法不能成为'橡皮泥'、'稻草人'，无论是因为'法盲'导致违纪违法，还是故意违规违法，都要受到追究，否则就会形成'破窗效应'。明代冯梦龙在其编纂的白话短篇小说集《警世通言》中也提到了'人心似铁，官法如炉'这句话。意思是任人心中冷酷如铁，终扛不住法律的熔炉。法治之下，任何人都不能心存侥幸，都不能指望法外施恩，没有免罪的'丹书铁券'，也没有'铁帽子王'。"〔1〕

所以，面对罗某这种为"博眼球、赚流量"而无视法纪、肆无忌惮侮辱英烈的犯罪行为，不能完全依靠道德自觉、自我约束，而是要树立法律规则的红线意识，让潜在的"违法者"们对法律心存敬畏，自觉遵守党纪国法。如果敬畏法律，可能许多人也不会心存侥幸伸出攫取不义之财的双手。如果敬畏法律，可能更多的人不会口无遮拦、侵犯他人人格名誉而不自知。

法律的生命在于实施，而法律的实施不仅是对法律规范的执行与遵守，在更深层次上乃是对法律所承载的价值理念的认可和向往。只有内心信仰法律、对法律心悦诚服，才能真正敬畏法律、尊重法律，用法律来指导自己的行为。

---

〔1〕 习近平总书记在2015年2月省部级主要领导干部学习贯彻党的十八届四中全会精神全面推进依法治国专题研讨班上的讲话。

"最美酒托"出狱后参与反诈宣传[1]

2018年11月20日，绵阳警方在网上发布检举"酒托"诈骗犯罪团伙在逃人员的通告，曝光7名嫌疑人姓名及照片。其中卿某某靓因相貌出众而意外走红，被称为"最美酒托"。"卿本佳人，奈何作贼"这句话也因她诞生。卿某某靓后被移送审查起诉，获刑14个月。2020年11月，卿某某靓刑满释放。2021年10月25日，四川省公安厅反电信诈骗中心官方网络账号"熊猫反诈"发布反诈宣传信息，卿某某靓作为"反诈宣传人员"出镜，劝导网友警惕刷单诈骗，不要成为犯罪帮凶。卿某某靓也表示，希望网友以她为鉴，树立正确价值观，不要被眼前的利益迷惑。

事后，在微博上她发出了一篇文章。

之前我只认为法不责众，这次的犯罪入狱让我从黑暗中走向了光明。我知道了只要是严重违反道德、危害他人和社会公共秩序的就是犯罪。我一度认为我永远是一名罪人，但这次公安部门找我做反诈宣传，让我有了不一样的感受和理解。法律惩罚我做过的错事，但也重新给了我尊严。现在的我从心底里敬畏法律，我想对所有人说，法律只能被敬畏，不能被亵渎。

"故不教而诛，则刑繁而邪不胜，教而不诛，则奸民不惩。"这句话出自《荀子·富国》，强调了法律除了惩戒功能，还具有教育犯罪人的功能。"最美酒托"化身"反诈大使"的案例就是惩教结合的例证。这样的法律怎能不令人敬畏？"倘若说生物学意义上的人类是以空气和

---

〔1〕《"最美酒托"出狱参与反诈宣传，警方回应！》，载https:// https://epaper.lnd.com.cn/，最后访问日期：2024年9月14日。

阳光等为生存的背景，那么社会学意义上的人类则可以说是以法律为生存和发展的背景。"人与人之间的分工、合作与相处，社会秩序的长治久安和稳定，都离不开法律的调节和控制。现代社会的发展历史说明，法律维系着人类生存和发展的基本秩序。在某种程度上，法律就意味着秩序。从保障权利的角度来说，我们敬畏法律既是对他人权利的尊重，也是对自己权利的珍惜。法律规定了权利的行使界限，每个人在行使自己的合法权利时不得损害他人的合法权利，否则就会受到法律的严厉惩罚。法律以国家的强制力，保障我们权利的正常行使，保证我们每个人都能充分享受法律制度下的广泛自由。法律所赋予的就是我们所需要的。只有在遵守法律、敬畏法律的基础上，社会秩序和公平正义才能得以维护。

有效的法律既不是铭刻在大理石上，也不是铭刻在铜表上，而是铭刻在我们内心。法律虽然是通过国家强制力去执行的，但只有法律被信仰时，法律才能真正发挥效力。在当今社会已形成"守法者得利，违法者受罚"的风尚，法律所独有的"宽严相济"的特点，就是一枚硬币的两面，既是保障自身权利的有力武器，也是必须遵守的行为规范。因此，对法律的"敬"与"畏"也是相辅相成的，只有畏惧法律，人们才不敢以身试法；只有敬畏法律，人们才能奉法律为圭臬，从内心尊重法律，把法律精神内化于心、外化于行，时刻约束矫正自己那颗不安而异动的心。

习近平总书记指出："要引导全体人民遵守法律，有问题依靠法律来解决……要逐步在广大干部群众中树立法律的权威，使大家都相信，只要是合理合法的诉求，通过法律程序就能得到合理合法的结果。"[1]作为法治社会下的公民，我们不仅要信仰法律、尊崇法律，更要多学法、懂法，使法律渗透日常生活、浸润道德心灵，将法律的他律与自律有机结合，让守法、尊法成为习惯和自然，让法律精神成为这个社会的

---

〔1〕 中共中央文献研究室编：《习近平关于全面依法治国论述摘编》，中央文献出版社 2015 年版，第 88 页。

共识。要相信，当我们每个人都能运用法律的武器来捍卫自己的权利，依法履行自己的义务时，法律与自律相辅相成，公平正义的阳光就会照进社会的每个角落。

只争朝夕，不负韶华。法在身边，路在脚下。

延伸阅读

建设法治国家的关键是人民内心对于法律权威的拥护和真诚信仰。只有内心对法律信仰、对法律心悦诚服，才能真正敬畏法律、尊重法律，用法律来指导自己的行为。习近平总书记指出："人民权益要靠法律保障，法律权威要靠人民维护。要充分调动人民群众投身依法治国实践的积极性和主动性，使全体人民成为社会主义法治的忠实崇尚者、自觉遵守者、坚定捍卫者，使尊法、信法、守法、用法、护法成为全体人民的共同追求。"全面推进依法治国是一项系统工程，要建立完备的法治体系，树立公平正义的法治理念，不仅要求各级党员领导干部带头尊崇法治，敬畏法律，而且要求广大人民群众增强对法律的内心拥护和真诚信仰。

思考题

1. 如何在现实生活中实现法律与自律的结合？
2. 你认为哪些形式可以用于反诈宣传？

推荐书目

《了凡四训》，袁了凡著，刘伟见译，中国青年出版社2024年版。

推荐电影

《奇迹·笨小孩》（2022年），文牧野执导。